Lou Andreas-Salomé

Ma

Ein Porträt

Lou Andreas-Salomé: Ma. Ein Porträt

Erstdruck: Stuttgart, J. G. Cotta, 1901

Neuausgabe
Herausgegeben von Karl-Maria Guth
Berlin 2020

Der Text dieser Ausgabe wurde behutsam an die neue deutsche
Rechtschreibung angepasst.

Umschlaggestaltung von Thomas Schultz-Overhage unter Verwendung
des Bildes: Lou Andreas-Salomé, um 1897

Gesetzt aus der Minion Pro, 11 pt

Die Sammlung Hofenberg erscheint im
Verlag der Contumax GmbH & Co. KG, Berlin
Herstellung: BoD – Books on Demand, Norderstedt

ISBN 978-3-7437-3383-1

Bibliografische Information der Deutschen Nationalbibliothek

Die Deutsche Nationalbibliothek verzeichnet diese Publikation in der
Deutschen Nationalbibliografie; detaillierte bibliografische Daten sind
im Internet über www.dnb.de abrufbar.

1.

Die Iberische Mutter Gottes fuhr spazieren.

Aus der Tiefe ihres kerzenerhellten blaugoldschimmernden Tempelchens vor dem Eingang zum Schönen Platz am Kreml war sie von ehrfürchtigen Händen in den Wagen gehoben worden.

Da saß sie nun im prächtigen Vierspänner, ihrer ständigen Equipage, breit auf dem Vordersitz, ihr gegenüber zwei Priester in reichen scharlachroten Gewändern, Kreuz und Weihrauchgefäß vor sich hinhaltend.

Irgendeine der kleinern Glocken im Kreml bimmelte und bimmelte. Hin und wieder nur unterbrach ein vereinzelter tiefer Glockenton, lang nachdröhnend und wie verträumt, dies helle Geläute. Hoch über den verschneiten Straßen klang es unermüdlich, mit dringlicher Monotonie, in den Winterwind hinein.

Die Menge umringte den Wagen so nahe, als sie es vermochte, junge Gesichter und alte, bärtige bückten sich in gleich demutvollem Eifer, um einen Kuss auf das wundertätige Bild zu erhaschen oder wenigstens auf den Rahmen daneben.

Ein paar elegante Offiziere, die über den Woskressenskiplatz herkamen, machten mitten auf dem Fahrdamm halt, beugten das Knie in den Schnee und bekreuzigten sich feierlich mit bis zur Strenge ernsten Mienen.

Täglich fuhr die Iberische Mutter aus, um allen Besuchsanforderungen zu genügen, dennoch musste oft ihre Gegenwart in einem Haus wochenlang vorher erfleht werden, damit sie noch Zeit dafür fand.

Langsam lenkte der imposante Kutscher, trotz der empfindlichen Kälte entblößten Hauptes, seine vier Rappen aus dem Menschenhaufen heraus.

Viele blieben noch stehn, um ihm nachzuschauen. Auf den Stufen zum Tempelchen lagerten Pilger, Bastschuhe an den tücherumwickelten Füßen, den Stab in der Hand. Mit ihren Anliegen wandten sie sich jetzt an die Kopie des Bildes, die stellvertretend im Heiligtum hing, und steckten betend brennende Wachskerzen davor auf.

So mehrte sich drinnen immer noch Licht um Licht zu erhöhtem Glanze, – von außen anzusehen wie eine mächtige gelbflimmernde

Sonne, die mitten im nüchternen Alltag des Straßenlebens gleich einem leuchtenden Geheimnis dastand und winkte und winkte –.

Die Mutter Gottes im Vierspänner hatte mit nicht gar vielen Equipagen zu konkurrieren. Wer sie fahren sah, konnte sie gut für die große Dame Moskaus halten und für den Inbegriff des heiligen Mütterchens Moskau selbst.

Was da auf dem hartgefrorenen Schnee an Fuhrwerken vorüberglitt, waren fast nur kleine, niedrige Schlittchen, wie sie für wenige Kopeken sogar dem Volk zugänglich sind. Weiber mit Sack und Pack befanden sich häufig drin, Bauern in hoch um die Ohren geschlagenen Schafpelzen. Seltener schon flog eine Troika des Weges dahin, und, zugleich mit dem lustigen schellenläutenden Dreigespann, vielleicht irgendein Lied, angestimmt von den Insassen, – ein Lied, wie es in den Teebuden zur Harfe gesungen wird oder in Sommernächten vor der Tür der Dorfhütten.

Das zitterte dann mit dem nachschwingenden Glockenton wundersam in eins zusammen, – selbst dann wundersam in eins, wenn's zufällig ein Tanzlied war. Auch dann musste es der Iberischen Mutter heimisch entgegenklingen.

Und auch unter den Fußgängern begegneten ihr vorherrschend ihre ureigensten Kinder, Kinder des Volks. Nicht das Proletariat großer Städte, wie es gern die entlegeneren Gassen füllt, sondern Volk, – das Volk zu Hause auf seinen breiten Straßen und Plätzen. In der ihm zugehörigen Tracht schritt es einher, nicht in abgelegten Almosenkleidern Reicherer oder deren Nachahmung, und diese Tracht überwog so sehr, dass sich die Andersgekleideten, die Allerweltstypen, fast darunter verloren.

Das alte Moskau, – zumal in der winterlichen Frühdämmerung einer solchen Nachmittagsstunde, – nahm sich beinahe aus, als sei es im Grunde seines Herzens ein Riesendorf, zutraulich herumgebaut um die allwaltende Herrlichkeit und Heiligkeit der Kremlhöhe.

Rot und grün und blau an Dächern oder Mauerwerk, in Farben, wie sie Kinder am liebsten auf ihren Bilderbogen anbringen, schauten die Häuser zum großen Kreml empor. Und in Rot und Grün und Blau antwortete er ihnen von der Höhe seiner Kuppeln und Paläste, väterlich ihnen angepasst, mit ihnen verschmelzend, und malte noch bunte Sternchen oder Streifen mitten hinein in sein Gold.

Mit dem Golde aber übertrumpfte er sie, überstrahlte er sie, mit dem Golde übertönte er alles wie mit einem lauten Lobgesang, sodass sie gleich darauf doch wieder ganz klein unter ihm dalagen und ganz verstummt trotz ihrer beredten Farben. Und ein andres Gold war es zu jeglicher Stunde, zu jeder jedoch ein königliches, vom ersten Tagesgrauen an, das über Moskau aufging, bis tief in die tiefste Nacht, denn keine gab es, tief genug, um das Gold ganz auszulöschen.

Immer war es da, ob breit entfaltet in seinem selbstverständlichen Glanze oder geheinmisvoll gesammelt wie eine Leuchte von innen her, die sich nur verstohlen verrät. Immer war es da, allen gegenwärtig, von den äußersten Kreuzspitzen der Kathedralen an bis hinein in das verborgenste Dunkel der Kirchenräume und selbst bis hinab in den geschlossnen Wagen, worin die Iberierin durch die Straßen fuhr, feierlich umblitzt von Goldfunken und dem vielfarbigen Schimmer ihres köstlichen Geschmeides. –

Sie machte nur eine kurze Fahrt, schon in einer Seitenstraße der Twerskaja schien ihr Ziel erreicht. Unter einem erneuten Auflauf von Menschen, die leise beteten, sich bekreuzigten und einen Kuss anzubringen suchten, wurde sie hinausgehoben, um den inbrünstig Harrenden entgegengetragen zu werden, denen ihr Besuch galt, und deren Tränen sie trocknen, deren Qual sie bannen, oder deren Jubel über eine Glücksfügung sie Weihe und Segen erteilen sollte.

Am Fenster eines hölzernen Miethauses schräg gegenüber standen zwei junge Mädchen und sahen, aneinander gelehnt, der Szene auf der Straße zu.

»Ach Russland – Russland! Mir ist doch wieder, als ob ich nach Asien zurückgekehrt wäre«, sagte die Ältere kopfschüttelnd, »traurig ist es! Ich wundre mich, dass du nur dazu lachst, Sophie.«

Sophie kehrte sich vom Fenster ab, weil es nichts mehr zu sehen gab. Sie entgegnete mit einem sanften, begütigenden Stimmchen: »Es ist nicht so schlimm. Vielleicht noch ein bisschen Mittelalter, aber es kann auch etwas ganz Feierliches bekommen, mitunter. Dann lache ich auch nicht. – Man muss nur nicht grade als Studentin frisch aus dem Auslande angereist sein!«

»Wir haben keinerlei Grund, uns für dies Mittelalter zu begeistern, Sophie. Sind wir etwa Russen? Und selbst wenn wir's wären –«

Sophie war nach dem andern Fenster gegangen, wo neben einer Gruppe wohlgepflegter hoher Blattpflanzen ein Schaukelstuhl stand.

»Sind wir auch nicht gradezu Russen, so sind wir doch hier zu Hause«, meinte sie zögernd. »Und eigentlich möchte ich manchmal, wir wären's noch mehr! Wären zum Beispiel in einem stockrussischen Gymnasium erzogen worden, – wenigstens ich, Schwesterchen.«

»Warum –?!«

Sophie blieb die Antwort auf diese erstaunte Frage schuldig.

Ihre zartgliedrige Gestalt dehnte sich lang aus im Schaukelstuhl, und sie legte den blonden Kopf mit seinen zwei schimmernden Flechten, die ihn kranzförmig umwanden, so weit zurück an die Stuhllehne, dass ihr Blick zur Zimmerdecke emporsah, anstatt auf die Schwester.

Erst nach einer kleinen Pause bemerkte sie ablenkend: »Übrigens, diese niedrigen Decken abgerechnet, – findest du nicht auch, Cita, dass unsre jetzige Wohnung ganz ungeheuer behaglich ist? Ich freute mich so, als wir wegen Mas vieler Lehrstunden in dies gute Viertel ziehen mussten.«

Cita hatte sich auf den Fenstersims gehockt und strich sich in einer ihr eigentümlichen hastigen Bewegung mit der Hand durch ihr kurz-verschnittenes welliges, ganz dunkelblondes Haar.

»Gewiss, – sehr behaglich habt ihr es«, gab sie zerstreut zu, »aber es sollte wohl selbst der vertracktesten Wohnung schwerfallen, unbehaglich zu wirken, wenn unsre Mama sie bewohnt und einrichtet. – Aber dass sie dies Viertel gewählt hat, ist auch abgesehen von den Lehrstunden gut. Die meisten ihr bekannten Häuser liegen nicht weit von hier. Ich meine, das ist gut – besonders für später.«

»Wie denn: für später?«

Cita hob ihren hübschen Bubenkopf und blickte auf die Schwester.

»Verstehst du mich nicht? – Für später, wenn sie hier allein ist, weil auch du irgendwo im Auslande studierst, – Medizin –«

Sophie lachte hellauf, wie über einen Scherz. »Was dir nicht alles einfällt! Daran denkt doch niemand im Traum!«, bemerkte sie und wippte leise mit dem Schaukelstuhle.

Cita zog unwillig die dunklen feinen Augenbrauen zusammen. »Ach Sophie, lass doch die Flausen, hinter denen du dich versteckst. Gewiss denkt jemand daran, im Traum und im Wachen: nämlich du selbst. Und aus diesem einzigen Grunde bedauertest du offenbar plötzlich, nicht ein stockrussisches Gymnasium hinter dir zu haben. Du erwägst in deiner Ratlosigkeit: Könnt ich wenigstens hier –, wenn nicht schon im Auslande –«

»Ja, – Ma verlassen –: Das tu ich eben nicht!«, fiel Sophie erregt ein.

Cita entgegnete sehr ruhig: »Zeit wär's, zu wissen, was du selbst willst. Du bist neunzehn, hast seit Ostern dein Diplom. In dem Alter war ich schon fort. Und in anderthalb Jahren werd ich promoviert haben, – wenn nicht eher.«

»Mein Gott, damit brauchst du nicht zu protzen!«, sagte Sophie empfindlich. »So, wie Ma dir alle Wege geebnet hat. Sogar noch ehe Vaters Lieblingsschwester starb und jeder von uns das kleine Legat vermachte –«

»Ich protze nicht. Ma war reizend, in jeder Beziehung. Es spornt mich nur an, umso energischer ans Ziel zu gelangen.«

»Nun – und was weiter? Ich glaube durchaus nicht, dass weibliche Juristen heutzutage die geringsten Aussichten haben«, erklärte Sophie im Ton einer gezwungenen Bewunderungslosigkeit und wippte heftiger.

»Vielleicht heute noch nicht. Aber morgen. Übermorgen meinetwegen. Wir Frauen arbeiten eben an einem Stück Zukunft. – Und inzwischen, da will ich mir schon durchhelfen. Du musst nicht glauben, dass ich nicht mehr vermag, als juristisch fachzusimpeln.«

»Ach nein, hoffentlich nicht. Denn *das* würde unsrer Ma auch ganz schrecklich sein.«

Sie schwiegen beide.

Cita trat vom Fenster fort und fing an, langsam auf und ab zu gehn, wobei sie die Arme auf dem Rücken verschränkte und den Kopf ein wenig gesenkt hielt, wie ein grübelnder Feldherr.

Vor dem Schreibtisch ihrer Mutter, der, quergestellt, ein Drittel des Zimmers durchschnitt, blieb sie einige Augenblicke stehn.

Er war mit Büchern und Schulheften bedeckt; aus der Mitte all dieser Tagesarbeit erhob sich ein italienischer Olivenholzrahmen mit durchbrochen gearbeiteten verschließbaren Türen. Dahinter verbarg sich des jung verstorbenen Gatten Bild.

An der einen Wand dahinter hingen mehrere Radierungen von seiner Hand, in schlichte dunkle Holzstreifen eingefasst: Sie stammten aus den Jahren seiner kurzen Ehe, aus der Zeit vollen Glückes und voller Künstlerhoffnungen, – unten in Italien verlebt.

An der andern Wand hinter dem Schreibtisch eine ganze Gruppe Familienporträts, darunter sehr alte, die mit sichtlicher Pietät hier zusammengestellt waren. Zwei davon blasse Pastellbildchen: der Großvater mütterlicherseits, Martin, mit mächtiger schwarzer Halsbinde und nach vorn gebürstetem grauem Haar, ein kluger, fast bedeutender Kopf. Daneben die reizende alte Großmutter, von der Cita und Sophie ein Gutteil Anmut als Erbe erhalten hatten.

»Für Ma wär es auch tausendmal besser gewesen, nicht hier stecken zu bleiben«, entfuhr es Cita.

Sie stand und betrachtete die Bilder. »Mit ihrer Begabung, ihren Talenten hätte sie etwas werden müssen. Aber freilich, hier in Russland, wo sie einfach den reichen Kaufleuten die Rangen unterrichten muss –«

Sophie hatte die Augen geschlossen.

»Arme liebe Ma«, sagte sie leise, »du lieber Gott, die konnte eben nicht Juristerei studieren. Dabei wären wir zwei armen kleinen Würmer geschwind genug verhungert. – Und hier in Russland gab es doch wenigstens Lebensmöglichkeiten, und die guten Anknüpfungen von unserm Großvater-Gymnasialdirektor her, und schließlich doch auch Tante Ottilie –. Aber schwer und schrecklich muss es gewesen sein –«

Sophie unterbrach sich, dann fügte sie in gequältem Ton hinzu: »Du und ich, wir sind undankbare Scheusale! Wir, mit unserm dummen Ehrgeiz –«

Cita ging schon wieder mit verschränkten Armen auf und ab. Es entfuhr ihr ungeduldig: »Deine Logik ist einfach schauderhaft. Gerade das Gegenteil muss daraus gefolgert werden: In uns beiden lebt ja doch Ma weiter, in uns muss sie also etwas über sich selbst hinaus erreichen. Das ist doch wahrhaftig die einzige rationelle Art von Kindesliebe.«

»Ach, ich weiß nicht, ob das Kindesliebe ist. – Und ob Kindesliebe rationell zu sein hat«, murmelte Sophie.

Cita bemerkte seufzend: »Du redest wirklich oft wie ein ganz unentwickelter Mensch. Wenn ich nur nicht so gut wüsste, woher das kommt: Es ist ganz einfach Bangigkeit, du wehrst dich gegen deine eigne bessere Erkenntnis. Die reinste Feigheit.«

»Das verbitt ich mir denn doch!«, rief Sophie aufgebracht.

Der Schaukelstuhl flog. Sie fing an zu husten.

Die Schwester lenkte ein. »Verzeih. Beleidigen wollt ich dich nicht. Du hast recht: Das darf man nicht. Fest zusammenstehn müssen wir Frauen vielmehr. Uns gegenseitig unsre besten Freunde sein. Ich schelte dich als dein Freund, Schwesterchen, – zu deinem Besten. Bin voll Sehnsucht und Ehrgeiz für dich, – möchte dir helfen, – und nicht nur mit Worten. Nein, nein, bauen sollst du auf mich dürfen von Grund aus.«

Sophie schwieg. Sie hatte die Augen voll Tränen, und aus Furcht, in der Stimme Tränen zu verraten, blieb sie wieder die Antwort schuldig.

Cita drängte auch nicht in sie. Sie trat langsam an das breite Büchergestell aus kunstvoll zurecht getischlertem, braun angestrichenem Birkenholz, das in Mannshöhe die ganze Hinterwand einnahm, und zog irgendein Buch heraus.

Schon war es längst nicht mehr hell genug im Zimmer, um zu lesen, doch nahm sie Band um Band und blätterte zerstreut darin.

Hier fand sich allerlei noch von Großvaters, des Schulmanns, Zeiten her zusammen. Und manches wohl auch, was der Mutter nur ihr Beruf als Lehrerin praktisch aufgenötigt hatte. Aber der Mehrzahl nach standen die Bücherreihen gedrängt voll von den höchsten Schätzen, die Menschengeist gehoben hatte. Und all das war, Band für Band mühselig angeschafft, – Band für Band benutzt, abgegriffen, genossen –.

Das Mädchen kam herein und brachte die Lampe.

Sie war eine noch sehr junge und ein wenig blöd dreinschauende Person, die unschlüssig stehn blieb und Sophie fragend anblickte.

Diese erhob sich schweigend aus ihrem bequemen Stuhl und ging mit ihr hinaus. Das späte Mittagessen konnte man Stanjka nicht allein anrichten lassen. Denn so oft man das, nach allen guten Belehrungen, probeweise getan hatte, wurde Stanjka düster und fing an zu weinen. Sie setzte sich dann auf die kleine Bank am Herd und klagte und betete unter Tränen zur Mutter Gottes, die sie laut als Zeugin dafür anrief, dass es ihr sicher nicht gegeben sei, ein Mittagessen wohlbekömmlich herzustellen.

Das kleine Heiligenbild, braun und unkenntlich hinter seiner blanken Zinnbekleidung, hing vorschriftsmäßig in der Küchenecke, sah immer zu und musste es folglich genau wissen.

Dass es zufällig gar keine Muttergottes war, vielmehr ein heiliger Nikolaus, das hatte sich Stanjka nicht klargemacht, jedenfalls focht es sie nicht weiter an. Wenn sie nicht grade »höhere« Arbeit verrichten sollte, sondern sich im Gröbern tummeln durfte, blieb sie strahlender Laune und bewältigte alles mit Herzenslust.

Während Sophie noch mit ihr in der Küche herumwirtschaftete, schellte es laut und dringlich.

Cita war schon gegangen, um die Wohnungstür zu öffnen. Ihre Mutter stand davor, noch etwas atemlos vom raschen Gange.

»Da hab ich richtig vergessen meinen Schlüssel mitzunehmen, – musste schellen«, sagte sie und trat hastig ein, »– ein Wind draußen, Kind, – Sophie ist doch nicht etwa unnütz an die Luft gegangen?«

»Aber nein, Ma. Wie müde musst du heute sein, du Arme.«

Cita nahm ihr sorglich den leichten Grauwerkpelz ab und küsste sie.

»Ich danke dir, Kind. Gewiss habt ihr schon einen Wolfshunger, was? Ich lief, was ich konnte«, bemerkte die Mutter, indem sie sich die Fellüberschuhe von den Füßen streifte.

»So! Und nun bin ich wieder Mensch! Feierabend läutet's, und die Arbeit ist getan«, sagte sie froh, »– und für heute ganz getan: Am Abend brauche ich nicht mehr fortzugehn. Wir wollen's aber auch herzhaft genießen, ihr Kinder.«

Wer ihre Stimme so aus dem noch unerleuchteten Vorflur vernahm, konnte dahinter leicht ein junges Geschöpf vermuten. Alle Überanstrengung, aller Missbrauch dieser Stimme hatten nicht vermocht, ihr den eigentümlichen Schmelz zu nehmen. Den Gesichtszügen selbst sah man die vierzig Jahre eher an. Sogar schon einzelne graue Haare mischten sich an den Schläfen in das volle weiche Braun, das Cita in lichterer Schattierung besaß, und das sich auch bei der Mutter hier und da übermütig zu locken versuchte, soweit der schlichte Knoten tief im Nacken das zuließ.

Die Mutter erreichte ihre Älteste nicht ganz an Größe, und ihre geschmeidige Gestalt hatte ehemals entschiedene Neigung zur Fülle gezeigt; jetzt jedoch vereitelte das anstrengende Tagewerk gründlich jeden Ansatz dazu. So blieb sie schlank, nahezu mager, und konnte dadurch auf Augenblicke fast mädchenhaft wirken.

Als die Mutter in ihrem Schlafgemach verschwunden war, um sich ein wenig menschlich herzurichten, wie sie es nannte, machte sich Cita dran, in der kleinen schmalen Essstube neben dem Wohnzimmer den Tisch zu decken. Doch war sie noch voll Nachdenklichkeit, und es ging ihr langsam von der Hand.

Dies schmale Essstübchen, nicht ohne Grund »der Spalt« geheißen, war bei der Wohnungseinrichtung an Möbeln zu kurz gekommen. Die Mutter hatte ein paar Bauerntruhen hineingestellt und rund um den Tisch einfache Sitzschemel von gleich ländlicher Abstammung. Dann erhandelte sie jedoch auf dem großen Trödelmarkt, den das Moskauer

Volk in der Sonntagsfrühe abhält, noch hier und da ein Stück volkstümlichen Kunstgewerbes, wodurch der arme Spalt einen gewissen Glanz erhielt, – so durch ein Wandbort aus dunklem in Spitzenmuster geschnitztem Holz mit grellen Malereien auf Goldgrund, und durch einen originellen Stuhl, dessen ganzes Hintergestell aus einem rotlackierten Krummholz hergestellt war, wie es die Pferde im russischen Gespann tragen.

Am einzigen Fenster, an dem der rote Stuhl stand und repräsentierte, hingen buntbestickte kleinrussische Tücher als Vorhänge nieder, und auch das grobleinene Tischtuch wies eine solche bunte Bauernstickerei an der Kante auf.

Als die Mutter wieder eintrat, trug sie statt des dunklen knappen Straßenkleides einen bequemen Hausanzug von tiefrotem Flanell. Sie kam an den Tisch zur Tochter, und, ohne dass diese es bemerkte, schob sie jedes Gerät auf dem Tisch ein wenig anders und gefälliger zurecht.

Als sie aber dann einen Teller mit allerlei Obst hernahm, den Cita in die Mitte gestellt hatte, und sorgfältig begann, die Orangen und die blassen, länglichen Krimäpfel von ihren dünnen Papierhülsen zu befreien und sie in einer Kristallschale zu ordnen, da meinte die Tochter mit einem Lächeln: »So viel Mühe um das bisschen Äußerlichkeit, Ma, müde, wie du doch bist. Schmecken nun etwa die Früchte besser?«

Die Mutter nickte, indem sie das Lächeln erwiderte. Über die Schale geneigt, sog sie den kühlen Duft des Obstes in sich ein.

»Auf alle Fälle schmecken sie besser«, sagte sie, »und außerdem machen sie, dass man auf Augenblicke das ganze Leben besser genießt, während man sie verspeist. Man genießt sie ja nicht nur um des lieben Futters willen als bloße Magenfreude, nicht wahr?«

Als Cita nichts antwortete, richtete sie sich auf und fasste ihre Älteste zärtlich um die Schulter.

»Aber du sollst dich hier keineswegs mit Hausarbeit plagen, mein lieber kleiner Professor du. Hast nun einmal eine Sybaritin zur Mutter. Bist aber rechtschaffen zerarbeitet angekommen und sollst nichts tun, als es dir wohl sein lassen, – faulenzen. Wenigstens einstweilen, – bis über Weihnachten hinaus.«

Und mit einem unterdrückten Seufzer fügte sie leiser hinzu: »Schnell genug verlier ich dich ja wieder.«

Sie fuhr sich mit der Hand über die Augen, wie um den störenden Gedanken zu verscheuchen. Als nun Sophie, etwas erhitzt und eilig, von Stanjka gefolgt, hereinkam, nickte sie der jüngern Tochter schon wieder wohlgemut zu.

»Also zu Tisch, Kinder! Wir wollen es uns schmecken lassen«, sagte sie und hob den Deckel von der dampfenden Terrine mit Rotebeetesuppe, in der Saucischen und Schinkenschnitten schwammen.

Sophie küsste die Mutter, ehe sie sich ihr gegenüber setzte.

»Ich bin nicht in den Mädchenkursen gewesen, weil du es des Wetters wegen nicht wolltest. Dafür hab ich ziemlich lange Geige geübt, und später habe ich über den Büchern gesessen, die Doktor Tomasow neulich brachte«, berichtete sie über ihren Tag. »Er hat gewiss noch herrliche Dinge in seiner Bibliothek, aber er sagt, ich möchte mich erst an diese Werke halten.«

»Tu blind, was er sagt«, bemerkte die Mutter. »Aber warum isst du mir so wenig, Kind? Nimmst du nicht von der sauren Sahne zur Suppe? Ich fürchte, das Herumstehn in der heißen Küche ist nichts für dich; – es raubt dir den Appetit.«

»O nein! Ich esse schon noch.«

Cita hatte auf den Lippen, zu äußern: »Die berühmte Haushaltungsarbeit ist eben lange nicht so gesund, wie ausposaunt wird.«

Aber sie schwieg noch immer. Es war so entsetzlich schwer, in Mas Gegenwart ein spöttisch gefärbtes Wort mit dem nötigen Selbstbewusstsein herauszubringen.

Wie ein Unrecht wurde es gleich, denn die Mutter hätte den Spott darin nicht bemerkt. Für Spott fehlte ihr das aufnehmende Organ. Sie wäre ihm gleichsam mit offnen Armen entgegen gegangen und hätte erwidert: »Meinst du wirklich, Kind?«, und dann hätte sie versucht, mit vereinten Kräften, mit Citas eigner Hilfe, ausfindig zu machen, was zu tun sei, – und ob nicht lieber Ma selber beim Heimkehren von den vielen Stunden jedes Mal erst noch kochen solle –.

Die Mutter unterbrach ihren Gedankengang. Als das Fischgericht auf den Tisch kam und sie davon austeilte, sagte sie: »Allernächstens, wenn ich nach Hause komme, sorge ich für einen großen Weihnachtsbaum. Es ist Zeit, sich nach einem umzusehen. In den letzten paar Tagen vor dem Festabend steigen sie im Preise. – Diesmal müssen wir das Allerschönste haben, was es überhaupt gibt.«

Beide Mädchen sahen einander unwillkürlich, wie auf Verabredung, an.

»Einen Baum –?«, fragte Sophie und stocherte im Fisch auf ihrem Teller.

»Ja, sicherlich. Etwa nicht? Warum denn nicht, ihr Kinder?«

»Wir haben doch voriges Jahr auch keinen gehabt.«

»Nein. Das lag jedoch an Zufällen. Wir konnten nicht gut anders, als bei Tante Ottilie sein. Und dann waren wir ja auch so traurig getrennt und verwaist, ohne unsre Cita.«

Cita warf einen dankbaren Blick auf die Mutter.

»Natürlich können wir gern einen Baum haben, – warum denn nicht, Sophie?«, bemerkte sie. »Wenn Ma es doch gern sieht, wollen wir jedenfalls einen haben, – den allerschönsten. – Aber – was werden wir mit dem Baum nur anfangen, Ma? Eigentlich gehören Kinder mit dazu.«

Die Mutter lächelte fein.

»Lass uns einen Abend lang Kinder sein, Liebste. Da wir zusammen sind, haben wir reichen Grund dazu, – haben wir reich beschert bekommen.«

Cita schwieg. Sophie sagte für sie: »Ich weiß schon, wie es Cita meint. Alle Welt will ja gern sich wie ein Kind fühlen. So ganz unbefangen fröhlich sein. Aber, wenn man es absichtlich versucht, so gelingt es nie recht. Man *ist* eben doch kein Kind. Man kann nicht ungezwungen so tun, – es wird so gezwungen –«

»Das ist auch ganz natürlich«, fiel Cita, mit Fisch essen beschäftigt, ein, »denn man kann doch eben nicht ganz den schweren, den wirklichen Ernst des Lebens vergessen. Man drängt ihn nur für einen Abend lang in den Hintergrund. Ja, *das* kann man, künstlich. Aber dahinter, – da steht er doch immer da –.« Sie war voll Eifer, mehr darüber zu sagen, indessen eine Gräte kam ihr dazwischen.

Beinah entschlüpfte es der Mutter: »Huh –! Ihr Kinder! Macht ihr euch denn wirklich schon das Leben zum ›bösen Mann‹ im Hintergrunde von allem? Ist euch denn wirklich stets so schaudererregend ernsthaft zumute –?«

Aber sie sprach das nicht aus. Sie fürchtete, die Mädchen könnten argwöhnen, sie habe dabei insgeheim auf dem Grunde der Seele ein Lächeln über sie beide.

Und sie fürchtete auch, die Mädchen könnten sie für entsetzlich oberflächlich halten. Das letztere war sogar das Wahrscheinlichere –.

Sie sah ihre beiden Ernsthaften mit einem tiefen Blick voll Güte an.

»Aber nun wollen wir dennoch, während wir vor unsern Tellern sitzen, uns bemühen, so zu tun, als ob das Leben ganz annehmbar wäre, – was meint ihr? Aus hygienischen Rücksichten!«, schlug sie munter vor, und das Lächeln vom verborgenen Seelengrunde kam ganz leise herauf und spielte verhalten um ihren Mund.

Das Fischgericht war hinausgetragen worden, und sie saßen beim Obst, als ein unerwarteter Besuch hereinkam.

»Ach, Ottilie, du! Wie lieb von dir. Du bekommst auch gleich dein Schälchen Kaffee, – starken«, sagte die Mutter.

»Nur auf einen Sprung! Ich war grade in eurer Nähe«, entgegnete ihre Schwester und begrüßte sie. »Weißt du, man trifft dich ja eigentlich nie, sonst käm ich nicht so selten.«

Ein ganzer Strom von Winterluft wehte mit ihr ins Zimmer. Hut und Handschuhe hatte sie gar nicht abgelegt.

Sophie schob den Stuhl aus der Fensterecke, der als Lehne das Joch besaß, an den Tisch heran, denn auf den kurzbeinigen Schemeln saß ihre Tante höchst ungern.

»Danke«, bemerkte diese und nickte ihr zu, während sie Platz nahm, »es ist wirklich euer einziger Stuhl, – wenigstens hat er einen Rücken, wenn man sich auch halb wie ein Pferd dabei vorkommt. – Nun, das macht nichts. Traulich ist es doch bei euch, wie jedes Mal.«

Sie sagte es mit einer Art von liebevollem Neid. Traulich war es wirklich, und eine solche heitre Wärme, von irgendwoher, über allem –.

Saß doch Marianne, in ihrem tiefroten Hausanzug, der sie nirgends beengte, und doch seltsam schmückte, da wie ein Bild der Ruhe und des Genusses. Die feierte in Wahrheit Feierabend. Sie saß da und atmete mit jedem Atemzuge Ruhe und Genuss aus, wie den Duft unsichtbarer Blumen.

»Gott, ja, du hast es gut! Wenn ich jetzt nach Hause komme, muss ich den Andrjuscha erst noch zu Bett bringen. Wobei er neuerdings schreit.«

»Besorgt denn nicht das alles eure Kindsfrau, Tante Ottilie?«, fragte Cita und schälte der Tante eine Orange.

»Ich verlasse mich nicht gern auf sie, – ich muss immer alles selbst tun. Aber übrigens wär es zu undankbar, wenn ich klagen wollte. Nein, das sind ja so süße Pflichten. Man reibt sich gern für sie auf. Man ist für sie auf der Welt.«

»Du bist auch eine der gewissenhaftesten Mütter, die es gibt«, bestätigte die Mutter. »Und solche haben stets zu tun, selbst bei ausgiebigster Hilfe, – können eigentlich nie sagen: Nun ruh ich mich aus.«

»Ja, siehst du: So, ganz so ist es, das behaupte ich immer!«, rief ihre Schwester, ordentlich lebhaft, und lockerte ihre Hutbänder.

Bis unter den Hut lag ihr dunkelblondes Haar glatt von der Stirn zurückgestrichen, volles weiches Haar wie Mariannens, jedoch stärker ergraut als bei dieser, obwohl Ottilie um ein Jahr jünger war.

Marianne löschte zerstreut die kleine Spiritusflamme unter dem Kaffeekocher aus und füllte die flachen Tässchen. Ihre Gedanken schweiften unwillkürlich weit zurück in eine Zeit, wo auch sie noch ihre Kleinen zu Bett zu bringen, zu baden, zu füttern, zu besorgen hatte –.

Solch kleiner Nachwuchs, wie ihn Ottilie zu eigen besaß, das war doch etwas Köstliches. Köstlich das Heranwachsen, aber köstlich auch die Kleinen –.

»Mein Mann reist nächstens nach Petersburg«, sagte die Schwester, »natürlich kein Gedanke, dass ich ihn begleiten kann. Nun, damit find ich mich schon ab. Bis meine Inotschka ganz erwachsen ist, ist es für mich überhaupt nichts mit geselligen Freuden. Aber ihr wünschte ich wohl, dass sie nicht nur Moskauer Kaufmannskreise kennenlernt.«

Sophie rief: »Ach, inwiefern soll es dort besser sein? Ich habe Moskau gern. In Petersburg ist man weder im Auslande, noch in Russland. Schrecklich lange Straßen, und was für ein Nebel –!«

»Tante Ottilie hat ganz recht«, bemerkte Cita, »dort ist man wenigstens in Europa! Man weiß wenigstens ungefähr, welches Jahrhundert man eigentlich schreibt, während hier –«

Tante Ottilie nickte.

»Ja, man merkt es an allem: Nicht nur, wenn man geistige Bedürfnisse hat, sondern auch wenn man einen modernen Kleiderstoff kauft«, bestätigte sie, »dort ist alles: die Newa, der Hof, alles Offizielle und überhaupt alles, was gilt. Wir sind hier wie zurückgeblieben. Die Russen haben überhaupt was Zurückgebliebenes.«

»Gar nicht alle. Etwa Tomasow?«, meinte Sophie.

Cita musste lachen.

»Nein, der ist aber auch wirklich der einzige!«, gab sie zu. »Wirklich der einzige, auf den ich mich freute. Ein Glück, dass der unser liebster, nächster Freund ist.«

»Nun, nun! Von Haus aus doch einfach euer Arzt«, dämpfte die Tante, aber Sophie unterbrach sie lebhaft: »Ach, da bist du aber schief gewickelt! Wenn wir gesund sind, brauchen wir ihn noch viel mehr, nicht wahr, Ma?«

Die Mutter blickte auf.

»Sprecht ihr von Tomasow? Ja, lieber Himmel, was sollten wir ohne ihn wohl anstellen?«

Ihre Schwester warf ihr einen zurückhaltenden Blick zu.

»Aber, liebste Marianne! Das heißt doch wohl ein wenig übertreiben.«

Ma sagte sanft: »Nein, es ist kaum übertrieben. Das kann nur ich allein beurteilen. Es ist ja so alte, uralt gefestete Freundschaft. Sie stammt aus der allererstren Zeit meines Zurückkehrens hierher. Die Kinder waren damals sechs und sieben Jahr alt. Zähl selbst.«

»Ach ja, Marianne, das weiß ich. Aber das Wichtigste ist ja doch gewesen, dass er dir als Arzt aushalf. Dass er dir half, dein Leben genau zu regeln. Damals, als du dich gleich so schrecklich überanstrengtest. Und wenn er dir dann vielleicht auch noch manche gute Beziehungen verschafft hat −«

Ma machte eine leise abwehrende Handbewegung.

»Lass das«, bat sie, »was du da nennst, ist das ganz Äußerliche. Und über das andre kann ich nicht sprechen. Nicht, ohne es zu profanieren.«

Tante Ottilie hatte ihr allerverschlossensten Gesicht.

»Wirklich, Marianne, ich begreife manchmal gar nicht, wie du nur sprichst! Du, die so ungeheuer selbstständig ihr Leben in die Hand genommen hat, − die sich mit solcher Energie und aus eigner Kraft behauptet hat, − wie sprichst du mitunter nur? Ganz wie irgendeine kleine unselbstständige Frau, die andern alles verdankt, und der andre zu allem verhalfen. Nun, weißt du, *wenn* das so ist −«

»Es ist so«, sagte Ma lächelnd.

»Ja, dann muss ich dir sagen: Dann braucht sich auch unsereins neben dir gar nicht so gering vorzukommen, denn schließlich: Unser Stück Arbeit tun wir auch im Leben.«

»Ja gewiss, du Liebe!«, meinte Marianne, und sie lachte.

»Aber wir schwärmen nun einmal für Doktor Tomasow«, erklärte Sophie, im Drang, ihre Tante zu bekehren, »er ist ganz außerordentlich gescheit, musst du wissen.«

»Ja, das ist er«, bestätigte Cita nachdrücklich.

»Das ist noch eine recht zweifelhafte Tugend«, meinte die Tante etwas kühl, »aber für euch Kindsköpfe, die ihr es in dem Punkt noch seid, braucht ja wohl ein Mensch nur gelehrt oder gescheit zu sein, damit ihr ihn in einer Weise anbetet –!« Sie hob die Augen ironisch zur Zimmerdecke.

Cita stand brüsk auf.

»Du kannst mir einfach leid tun, Tante Ottilie!«, äußerte sie mit einem vielsagenden Achselzucken, das nicht eben artig ausfiel. Und sich demonstrativ abwendend, horchte sie hinaus, wo es grade geschellt hatte.

Ihre Tante war dunkelrot geworden, doch hielt sie an sich, nur ihre Augen zeigten einen erhöhten, stählernen Glanz.

Sie sah über Cita hinweg auffordernd auf deren Mutter.

»Ja, – ich weiß wirklich nicht, Marianne, – gestatten deine Erziehungsgrundsätze diesen Ton –?«, bemerkte sie fragend, und ihre Haltung wurde gemessner.

Aber in diesem Augenblick hatte auch Marianne nach dem Vorflur hingelauscht.

Man hörte, dass die Wohnungstür wieder geschlossen wurde, eine halblaute Frage, ein Räuspern –

»Das ist Doktor Tomasow!«, rief Sophie.

Sie lief hinaus.

Tante Ottilie hatte sich bereits von ihrem Pferdejochstuhl erhoben.

»Aber liebe Ottilie! Du wirst doch nicht deshalb fortgehn –?«

»Gewiss nicht, meine gute Marianne; du vergisst nur, dass ich bloß auf einen Sprung kam und eilig bin, – auf ein andermal also«, sagte die Schwester etwas gezwungen und verabschiedete sich kaum merklich von Cita.

»Nun, wie du willst. Komm, lass uns durchs Wohnzimmer hinausgehn, – sieh, da könnten wir so gut plaudern, denn die Kinder, die schleppen jetzt unsern Doktor in den ›Spalt‹ hinein; ich wette, sie gießen ihm noch den kalten Kaffeerest ein.«

Den Arm um Ottiliens Schulter, ging Marianne langsam durch das Wohnzimmer, das nur durch eine Lampe mit dunkelgrüner Glaskuppel vom Schreibtisch her erhellt war. Die Tür zum »Spalt« hatte sie zugedrückt.

»Nun –? Stört dich der Doktor hier nicht mehr?«

»Ach, an den dachte ich eben wahrhaftig nicht! Was mich drückt und erstaunt, ist etwas ganz andres –« Ottilie blieb mitten im Zimmer stehn, und die Schwester groß anblickend, fügte sie mit betonter Langsamkeit hinzu: »Du lässt dir deine Töchter über den Kopf wachsen, meine arme Marianne.«

Marianne lachte leise und schelmisch, sie ergriff die Schwester am Arm und schüttelte sie in heiterem Zorn: »O du Böse, – du Böse! Kannst du denn nicht dem Mädel ein unachtsames Wort vergessen? Gewiss, sie hätt es nicht so sagen sollen. Aber treffen und verwunden kann unsereinen doch nicht dieser kleine schwache Pfeil –? Ein Pfeil aus solchen jugendlich heftigen, jugendlich übereifrigen Händen?«

»Du hättest es aber rügen müssen. Darum allein handelt es sich nur.«

»Rügen – sofort? Vor dir? Meine einundzwanzigjährige Tochter um einer Bagatelle willen vor euch demütigen? Nein, wie magst du das nur sagen, Ottilie! Du musst auch nicht vergessen, dass Cita längst –«

»Längst im Auslande studiert! Ja ja, das weiß ich! Das ist grade das Unglück. Und ist sie erst ›Doktor‹, – mein Himmel, dann darf sie wohl vollends tun, was ihr beliebt«, fiel ihr Ottilie nervös ins Wort.

Marianne schüttelte verneinend den Kopf.

»Ich meinte jetzt eben nicht grade: Weil sie im Auslande studiert. Ich meinte nur: Weil sie in so vielen Beziehungen schon fest und tüchtig dasteht und jedes Vertrauens würdig, wie ein reifer Mensch«, sagte sie warm und mit ruhigem Stolz.

Ihre Schwester seufzte. Sie band die Hutbänder zu und wandte sich zum Gehn.

»Fruchtlos, mit dir zu streiten, Marianne. Wir einigen uns doch nicht. Ich sehe den Fehler zu deutlich: Du gehst immer zu weit in allem, – das tatest du immer. Alles packst du mit solch innrer Leidenschaft an, gibst dich so ganz dran! Es war auch mit deiner Ehe nicht anders, glaub ich, –«

»Da glaubst du recht!«, antwortete Marianne sehr leise, und in ihre Augen trat ein dunkles Leuchten.

»Und die Folge?! Nun, ich will nicht drüber sprechen. Aber dass du so ganz zerbrochen am Boden lagst, – diese grässliche Zeit. Man kann das doch nicht einfach Witwentrauer nennen –. Und jetzt mit deinen Töchtern. Sie gehn dir buchstäblich über alles. Sind dir dein ganzes Mark und Blut.«

»Ja, Ottilie. So ist es. Soll es denn nicht so sein?«

Ottilie hatte schon den Griff der Tür nach dem Vorflur gefasst. Sie ließ ihn noch einmal los, wandte sich der Schwester voll zu und sagte halblaut: »Nein! Nein, – siehst du, das ist es eben: Es soll nicht so sein. Man muss die Dinge nicht so bis auf den Grund auskosten. Man muss sich zurückhalten, sonst ist man verloren. Sonst verliert man jeden Halt.«

»O du! Das wäre eine traurige Lehre! Man lebt ja nicht, es sei denn, um sich hinzugeben. Man lebt ja nur so viel, als man liebt.«

Marianne sagte es inbrünstig.

Hinter der Tür zum Spalt hörte man Scherzen und Lachen. Ein Durcheinanderreden von Russisch und Deutsch.

Ottilie entgegnete mit gesenkter Stimme und einem Anflug von Bitterkeit: »Das ist kein Ding wert. – Und wer sich dermaßen ausgibt, verflacht mit der Zeit. Was behält er dann noch Unangetastetes, Eignes? – Aber geh jetzt, bitte, zu den andern hinein. Sie warten drinnen auf dich.«

»Sie warten nicht. Ich gebe dir deinen Pelz um«, bemerkte Marianne und geleitete die Schwester hinaus. In ihren Gedanken weilte sie jedoch noch beim Gespräch. Sie hätte rufen mögen: »Ein Ding ist's wert: die Kinder! Warum sie nur erziehen? Warum nicht von Grund aus sich freuen und jubilieren über sie? Frage deine Tochter! – Sie hätt es bei mir seliger als bei dir –.«

»Grüße mir Inotschka!«, sagte sie nur.

»Die wird nur rot, wenn ich ihr das bestelle. Über alles wird sie rot. Es ist wirklich schon fast ihre einzige Sprache, – und dabei kann sie drei Sprachen so gut. – Willst du nicht vielleicht morgen Abend den Tee bei uns nehmen, wenn du vom Unterricht kommst? Du hast es schon lange nicht getan. Wir sehen uns wahrhaftig fast nur, weil du Montag nachmittags mit Nikolai lernst.«

»Ja, ich will kommen«, meinte Marianne. »Am Sonntag kann ich ja ausschlafen.«

Sie küssten sich, und Ottilie ging.

Nachdenklich blieb Marianne im Vorflur stehn. Sie blickte zu Boden, als suche sie etwas. Sie suchte, sich in ihrem Innern auf etwas zu besinnen.

Wie sagte doch Ottilie? »Sonst verflacht man mit der Zeit.« Es gab Leute, die hielten Ottilie für »tief«. Das war es also. Sie gab sich nicht aus, lebte einfach mit Dreivierteln ihrer selbst, – vielleicht nicht einmal damit –.

Aber war es denn immer so gewesen? Nein, sicher nicht. Einst, als Kinder, hatten sie einander viel stärker geglichen als jetzt, hatten gemeinsam und gleich empfunden. Erst viel später musste die Schwester ihr Temperament außer Gebrauch gesetzt haben, – es beiseite gelassen, – es »reserviert« haben –, wofür? Und wie, in aller Welt, machte man das? –

Marianne war ins Wohnzimmer zurückgegangen und setzte sich vor das geöffnete Pianino, worauf Sophiens Geige lag.

Zerstreut, ganz leise schlug sie ein paar Töne an.

Sie dachte an Inotschka. Ach, der würde sie sich auch gern hingegeben haben. Die würde sie gern zu ihren Schülerinnen gezählt haben.

Aber sie fühlte selbst, dass es nicht anging. Auch wider Wissen und Wollen hätte sie jeden Augenblick ihren Einfluss dem der Eltern entgegengerichtet.

Inotschka, halberwachsen, noch mager, mit ihren allzu ernsthaften Augen und einem so weichen Munde, einem so kussbedürftigen weichen Munde, blieb vor ihrer Fantasie stehn, während sie die leisen, dunklen Töne anschlug –.

Darüber merkte sie gar nicht, dass sich die Tür zum Spalt öffnete.

Beide Mädchen und Doktor Tomasow drängten sich geräuschlos in den Rahmen der Tür.

Und da weckte ein fröhliches Gelächter Marianne aus ihrem Sinnen. Sie schaute sich um. Alle drei standen sie da und lachten sie aus.

Sie lachte ohne Weiteres mit.

»Kommt nur herein. Tante Ottilie ist fort«, sagte sie.

Vor Tomasow sprach sie stets deutsch, wie mit den Kindern untereinander.

»Ja freilich! Die ist lange fort. Aber was verstecktest du dich denn vor uns, Ma? Dürfen wir deine geheimen Gedanken gar nicht wissen, aus denen wir dich herausgelacht haben?«, fragte Sophie neckend.

»Jawohl. Ich dachte darüber nach, warum ich euch gutwillig mir dermaßen über den Kopf wachsen lasse, ihr Kinder«, entgegnete Marianne, und sie reichte dem Freunde die Hand zum Willkommen.

Sophie schlug entrüstet die Hände über dem Kopf zusammen, Cita aber erkundigte sich interessiert: »Nun, – und das Ergebnis war, Ma –?«

»Es war: Wachset nur, – wachset!«, sagte Marianne lachenden Mundes, und ihre Augen strahlten gütig.

Doktor Tomasow blickte unter halb gesenkten Lidern nach ihr hin. Sein bartloses Gesicht, das so offen jede Falte und Furche in den Zügen des hohen Vierzigers zur Schau trug, war in Bezug auf seine stummen Gedanken nicht plauderhaft. Hager, mit slawisch kurzer Nase und energischen Kinnlinien, – dem Grundriss nach ein russisches Barbarengesicht, war es vom Leben verarbeitet, vergeistigt, aber im Ausdruck wie verschlossen worden. Kurz, dicht und früh ergraut, wellte sich das Haar über der freien Stirn fast ganz grade empor.

Die beiden jungen Mädchen mussten ihn gut kennen. Als er sich nicht in ihr Scherzgespräch mit der Mutter mischte, blickten sie einander flüchtig an und zogen sich dann einmütig in ihr Zimmer zurück, – in Sophiens eigenstes Reich, das, über den Gang hinaus, nach dem Hofe zu lag, und wo jetzt Cita wohlgelittener Gast war.

Die Mutter sah ihnen nach, wie sie, nach einigen heiter gewechselten Worten, fortgingen: Cita mit ihrem festen, gleichmäßigen Schritt voran, und hinter ihr Sophie, die sich noch einmal mit einer graziösen Wendung umsah und lächelte.

Als sich die Tür hinter ihnen schloss, hob Marianne ihre Augen zu Doktor Tomasow.

»Nicht wahr, die Sophie ist schmal in den Schultern? Sie hustet.«

Er antwortete ruhig: »Das tun wir hier alle mehr oder minder zu dieser Jahreszeit. Sie sind mit dem Kinde etwas zu ängstlich, Marianne.«

»Ja, sie erinnert mich so an –, auch er war zart.«

Und da sie einen zaudernden Ausdruck in Tomasows Gesicht wahrzunehmen wähnte, trat sie ganz dicht auf ihn zu.

»Tomasow! Wenn – nein, wenn –, Sie dürfen mir nie etwas verschweigen, nie –.«

Und sie erblasste plötzlich.

»Aber! Aber!«, sagte er mit seiner überredenden eindringlichen Stimme und nahm ihre Hände, wie die eines Kindes, in die seinen. »Verbieten Sie ganz harmlosen Dingen, mit Ihnen gleich so durchzugehn, wie wildgewordene Pferde. – Ganz kalte Hände haben Sie auf einmal bekommen. Kälteres Blut wäre besser. – Also: Sophie ist absolut gesund. Ich bürge Ihnen dafür. Die Ähnlichkeit, die Sie da eben andeuteten, beschränkt sich auf die zarte Hautpigmentierung, die mit so blondem Typus zusammengeht, – sie garantiert Sophie auf lange hinaus einen blendenden Teint, bei etwas Pflege. Nun, hübsch genug ist sie schon jetzt, dächt ich. Ein liebes, gutes, schönes Kind haben Sie an ihr, Marianne.«

Sie hörte ihm aufmerksam zu, unendlichen Glauben in den Augen.

Seine Gestalt, obwohl in den breiten Schultern unmerklich geneigt, überragte sie um ein gutes Stück. Sie erschien nicht mehr mittelgroß, sondern fast klein, und wenn sie beim Sprechen die Augen so zu ihm heben musste, konnte man den Altersunterschied zwischen ihnen für beträchtlicher nehmen, als er in Wirklichkeit war.

»Aber gut ist es für Sophie, dass sie bei mir ist, und ich für sie sorgen kann, bis in jede Geringfügigkeit, – das finden Sie auch? Cita ist ja so vortrefflich aufgehoben in der Familie, bei der sie in Berlin wohnt, – ich korrespondiere ja auch mit den Leuten, – und doch, – für Sophie wäre das nichts –.«

Sie sah ihn dabei fragend an.

Tomasow zuckte die Achseln.

»Natürlich würde sie es nirgends in der Welt auch nur annähernd so gut haben, wie bei ihrer Mutter. Indessen, das ist doch selbstverständlich. Warum fragen Sie erst danach?«

»Ich weiß es nicht«, murmelte Marianne; »ich weiß nicht, warum sie mein Angstkind ist. In meiner Liebe zu ihr ist so viel Angst –. Darum muss ich manchmal von Ihnen hören, dass sie Ihnen keine Sorge macht.«

»Nein. Die machen höchstens Sie mir von Zeit zu Zeit, kleine Ma«, sagte er mit leisem, fast nachsichtigem Lächeln und gab ihre Hand frei.

Er nannte sie gar zu gern mit diesem Namensstummel, der daraus entstanden war, dass sich die Kinder in der Kindheit bisweilen herausgenommen hatten, die Mutter wie einen guten Kameraden »Marianne« zu titulieren, was Tomasow schon damals äußerst bezeichnend fand. Hin und wieder ließ jedoch das Erstaunen andrer sie mitten in diesem Unternehmen stecken bleiben. Zuletzt blieb von Mariannens Namen nur das übrig, was ein guter Wille auch als Anlauf zu dem Wort »Mama« nehmen konnte.

»Und die Einzigkeit der Silbe passt zu ihr«, dachte Tomasow bei sich, »– dieser einzige Ton als Name, – es ist, wie wenn man etwas nur eben intonierte, was man nicht ganz nennen will, noch auch äußern kann. Weit, weit hinter dem einzelnen Ton ruht und klingt das Ganze –.«

Marianne war zum Schreibtisch getreten und schraubte die Lampe höher.

»Stehn Sie mir da noch immer im Rücken? Das ist ja unheimlich«, sagte sie, den Kopf nach Tomasow zurückwendend, und dann ließ sie sich müde vor dem Schreibtisch in dem alten Luthersessel nieder, der noch von ihrem Vater, dem Schuldirektor, stammte.

Tomasow zog sich den langen Schaukelstuhl neben der Blattpflanzengruppe ein wenig näher zu ihr heran.

Er nahm von den Zigaretten, die Marianne ihm anbot, und zündete sich schweigend eine an.

»Ich glaube, speziell dafür bin ich am Ende auch das letzte Mal vom Auslande wieder heimgekehrt, ein so schauderhafter Kosmopolit ich auch schon zu werden drohte«, bemerkte er dann.

»Wofür? Für die Plauderecke?«

»Es ist nicht einmal eine Plauderecke, streng genommen, denn wir sind oft ziemlich wenig redselig, besonders wenn Sie abends müde sind oder gar anfangen, Notizen in Ihre schrecklichen blauen Schulhefte zu machen.«

Marianne lehnte sich zurück und kehrte ihm das Gesicht zu. Sie sagte lächelnd: »Nun, dann sitzen Sie eben und freuen sich drüber, wie unendlich brav und artig ich bin. Denn das muss ja doch eine Freude für Sie sein! Wer hat mich denn gelehrt, diese Schulheftexistenz auszuhalten.«

»Ich etwa?!« Tomasow machte eine ungläubige Miene. »Ich habe Ihnen wohl im Gegenteil alle Schwierigkeiten und Schrecknisse einer solchen klarzumachen gesucht, als Sie sich in den gräulichen Kampf stürzten.«

»Ja. Und mich dadurch für ihn gewappnet, – mich dadurch gelehrt, nicht gleich beim ersten Ermatten zu erliegen. Ich wusste so bestimmt: Sie stehn da und helfen mir immer wieder auf, – ach, das war ein gutes Gefühl, glauben Sie mir.«

Tomasow rauchte schweigend.

Ganz so war es wohl nicht. Er hatte in Wirklichkeit ihren Kräften nicht den Existenzkampf zugetraut, den sie so löwenmutig für sich und ihre Kleinen vollbracht hatte. Nein, ursprünglich hatte er ganz und gar nicht annehmen können, dass sie einem derartigen Leben gewachsen sei.

Er half ihr damals mit seinem Rat und Beistand gleichsam nur so vorläufig. Er half ihr, um ihr nah bleiben zu können.

Jedoch dann – später – wenn sie doch am Ende ihrer Kräfte sein würde, die sie bis zum Zersprengtwerden anspannte, – ja, damals dachte er sich dann ein ganz andres Ende. Ein völlig andres –.

Fast ohne dass er es wusste, fixierte Tomasows Blick bei dieser Erinnerung den geschlossnen Olivenholzrahmen, der in der Mitte des Schreibtisches stand.

Marianne war der Richtung seines Blickes gefolgt.

»Darf ich?«, fragte er.

Sie streckte, ohne zu antworten, die Hand aus, nahm den Rahmen vom Tisch und reichte das ihm wohlbekannte Bild herüber.

Er schaute aufmerksam auf das junge beseelte Gesicht im Rahmen, – ein bartloses Jünglingsgesicht. Eine Ähnlichkeit mit Sophie war in der Tat unverkennbar, nur nicht in der Kühnheit der Stirn und des Kinnes.

Aber etwas so Zartes lag über dem Ganzen –.

Tomasow bückte sich tiefer über das Bild und bemerkte: »Wenn ich mir vorstelle, wie Sie damals ausgesehen haben müssen, – und wie dieses hier aussieht, – so kommt mir leicht das Gefühl: Sieh da, zwei Kinder, die man schützen möchte.«

Sie lächelte unmerklich.

»Wir brauchten keinen Schutz. Gegen nichts. Wir hatten ja einander.«

»Zugegeben. Aber wer von Ihnen schützte wen?«

»Jeder den andern. – Ach, es ist nur eins nicht zu fassen: dass der eine zurückbleibt, wenn der andre geht. Wie mag denn das nur möglich sein? – Arme Menschen, dass es so ist.«

Er erhob sich, um das Bild auf den Schreibtisch zurückzustellen.

»Keine solchen Worte, Marianne! Keine solchen Aufwallungen, auch nicht für Sekunden! Sie haben an sich selbst erfahren, dass das Leben immer wieder neu keimt.«

»Ja, das Leben: das heißt meine Kinder.«

Tomasow nahm wieder Platz im Schaukelstuhl. Nach einer Pause, in der er schweigend vor sich hinrauchte, sagte er langsam: »Mir hat es doch immer scheinen wollen, als ob in Ihnen ein starkes Bedürfnis ist nach einer Überlegenheit neben Ihnen, – nach jemand, zu dem Sie aufblicken. Sie haben so viel vom Kinde irgendwo in sich, Marianne.

– Daher kann ich Sie mir vielleicht so schwer an der Seite – an ›seiner‹ Seite vorstellen.«

Sie lehnte in ihren Stuhl tief hineingeschmiegt und starrte wie gebannt auf den Rahmen. Auf ihren Wangen lag ein leichtes Rot.

»O über uns beiden war ja so viel – über uns beiden!«, sagte sie mit halber Stimme. »Wozu noch eine andre Überlegenheit? Wir wandelten, ineinander geschlungen, gemeinsam unter so hohen Träumen, so hohen Zielen entgegen. Und ich meine immer: Was wir da lebten, nur das ist Leben. Von allen Seiten wölbte es sich um uns wie ein Himmel, dem gaben wir uns anheim. Und so war uns jede Krume Erde eine Heimat.«

Tomasow dachte wieder: »Wie zwei Kinder.« Doch erwiderte er nichts.

Aber Marianne wendete ihm den Kopf zu, und plötzlich streckte sie ihm die Hand entgegen: »Sie urteilen nach später«, bemerkte sie, »ja, da brauchte ich allerdings jemand über mir, brauchte Rat und Hilfe und Halt. – Einen Halt in der vollkommnen Heimatlosigkeit, eine Orientierung in der vollkommnen Fremde. – Da brauchte ich *Sie*. Ich konnte nicht allein sein, so ganz allein im Finstern. – Und ich denke auch jetzt oft: Meinetwegen das Allerbitterste überwinden, wenn nur eine warme menschliche Stimme dazu überredet, es befiehlt, anbiefiehlt. – Ich weiß nicht, ob alle Frauenherzen so schwach sind. Ich bin es.«

Er hatte ihre Hand entgegengenommen und hielt sie, darauf niederblickend, einen Augenblick in der seinen. Ganz leicht strich er mit den Fingern über ihren Handrücken hin, der ein wenig rau geworden war vom Wind und der Kälte dieser Wochen, die Marianne unausgesetzt auf die Straße trieben.

Er wusste, dass sie einen nervösen Widerwillen gegen raue, gerötete Hände oder aufgesprungene Lippen besaß. Als sie jung und glücklich war, da musste sie sich gewiss, selbst unter schmalen äußern Verhältnissen, mit Entzücken gepflegt haben, wie ein schöner Mensch vor einem Fest.

Tomasow ließ Mariannens Hand sinken und stand auf.

»Was ist Ihnen denn? Sie wollen doch nicht schon gehn? Warten Sie noch ein wenig, und am besten: Bleiben Sie zum Tee«, schlug Marianne vor, »Sophie wollte Ihnen so gern ihre Fortschritte im Geigenspiel vorführen, – mögen Sie? Dann machen Sie ihr die kleine Freude.«

»Ja, warum nicht?«

Tomasow war ans Fenster getreten und schaute vor sich hin.

Marianne öffnete die Tür nach dem Gang, rief dem Mädchen etwas zu und kam dann wieder zu ihm.

»Was schauen Sie denn so unverwandt an?«, fragte sie und trat dicht an ihn heran.

Er zuckte die Achseln.

»Ich betrachte mir nur, was da in Reih und Glied zwischen den Doppelscheiben im Fenster aufgestellt ist«, entgegnete er und deutete auf eine Anzahl verdeckter Glasbehälter, »wie Soldaten mit Papierhelmen auf dem Kopf. Finden Sie diese Dinger nicht hässlich?«

»Sie sind nur hässlich, bis sie blühen. Dann kommen sie ins Zimmer, und die Papierkappen kommen fort. Und dann sind es Hyazinthen!«, sagte sie tröstend, mit einem Lächeln.

Aber Tomasow war verstimmt.

»Hyazinthen? Wozu denn? Mögen Sie etwa diesen allzu süßen Duft? Es sind doch nicht am Ende gar Ihre Lieblingsblumen, Marianne?«

»Lieblingsblumen? – Rosen hab ich schon lieber, – und am liebsten, wissen Sie was? – am liebsten besäße ich ein ganzes Treibhaus und einen Wintergarten dazu!«, meinte sie schelmisch. »Solche Hyazinthe unter ihrer Papierkappe ist nun eben mein Treibhaus. Man muss sie nicht allzu dicht unter die Nase halten, sondern die Gläser im Zimmer gut verteilen, dann geht es schon. – Frühling und Duft ist es ja doch! Und ganz ohne die beiden mag ich so wenig sein, wie ganz ohne Musik.«

»Wegen der Hyazinthen werden ja hier die Doppelscheiben im Winter nicht eingeklebt, wie die übrigen«, bemerkte Sophie, die hereingekommen war und nach ihrer Geige suchte.

Tomasow zündete sich eine frische Zigarette an und setzte sich in der Nähe des Fensters nieder. Er betrachtete Marianne.

»Wie viel Genussfreudigkeit ist doch in ihr. Selbst jetzt noch!«, dachte er. »Unausgegeben, aufgestaut! Köstlich müsste es sein, das zu lösen, zu befreien. Selbst jetzt noch.«

Sie saß wieder auf ihrem frühern Platz, den Kopf ein wenig geneigt. Während sie darauf wartete, dass Sophie die Kerzen am Notenpult anzünden und beginnen sollte, schien sie vor sich hinzuträumen, – vielleicht in Gedanken, die das kurze Gespräch mit Tomasow über ihr Eheglück vorhin in ihr geweckt haben mochte. So kam es ihm vor.

Etwas sehr Sanftes lag über ihren Zügen, ein Abglanz, wie aus der Jugend. Für die Mutter der beiden großen Mädchen hätte man sie in diesem Augenblick kaum gehalten.

Cita war leise eingetreten und stand noch an der Gangtür, um die ersten Geigentöne nicht zu stören. Auch sie schaute zu Marianne hinüber, und dabei kam auch ihr in den Sinn, wie schön ihre Mutter sei, – wie so sanft und schön sie doch jetzt eben aussehe.

Es berührte sie mit einem warmen kindlichen Stolz. Ihre dunklen Augen erglänzten vor Freude.

In einer Pause des Spiels trat sie von hinten an Mariannens Stuhl heran. Und mit einer ihrer spontanen, unvermittelten Bewegungen umschlang sie die Mutter und küsste sie in den geneigten Nacken.

Dabei kehrte sich Cita halb gegen Tomasow, dessen Blick unverwandt auf ihrer Mutter ruhte. Cita sah unwillkürlich, mit einem hübschen Ausdruck, zu ihm hinüber, als wollte sie, an Marianne geschmiegt, entzückt sagen: »Wie lieb und schön sie ist, nicht wahr? Möchte man sie nicht auf dem Fleck totküssen?!«

Da verdüsterten sich plötzlich ihre Augen.

Irgendeine unerklärliche Befangenheit überfiel sie. Sie bückte ihren Kopf, wie abwehrend, gegen den Kopf der Mutter, und errötete langsam über das ganze Gesicht.

Tomasow hörte inzwischen zerstreut dem Geigenspiel zu. Er liebte und verstand Musik, musikalisch von Natur, wie fast alle Russen, aber heute war ihm nicht nach Sophiens Musik, die noch Nachsicht verlangte.

Ja ja! Dass die Kinder da waren, das hatte Marianne so unzugänglich erhalten und so vorzeitig ernst gemacht. Es machte sie bisweilen ergreifend schön, dies Ernstsein tief unter aller Heiterkeit, jedoch zu ernst, – allzu ernst für ihn –.

Tomasow begegnete bei dieser Erwägung Citas Augen, die ihn forschend anzusehen schienen. Sie stand noch an den Stuhl der Mutter gelehnt, als schütze sie ihn.

»Wie ein kleiner Polizist!«, dachte Tomasow bei sich.

Aber zugleich gestand er sich, dass diese Kinder es allein gewesen waren, die einst Marianne die Fähigkeit zum Leben wiedergegeben hatten.

Ursprünglich schien der gewaltsame Schmerz um den toten Gatten auch die Mutter in ihr getötet zu haben. Als man sie nach Russland brachte, – mit ihren beiden allerliebsten kleinen Dingern, – da war sie nicht bereitwillig, weiterzuleben. Sie konnte nicht leben. Und in der Verwandtschaft begann man, von Geistesstörung zu sprechen und von Überführung in eine Heilanstalt.

Damals, während dieser ersten furchtbaren Verzweiflungszeit ihres Schmerzes, sah Tomasow Marianne zum ersten Mal.

Er selbst kam grade verstimmt aus dem Auslande. Nach Jahren anregenden Genusses und interessanter Arbeit in Wien und Paris, erschien ihm zu Hause alles so schal und abgestanden, so gänzlich regungslos. Und am wenigsten spürte er Lust, sich hier wieder dauernd in seine ärztliche Praxis einzugewöhnen.

An einem dieser Tage wurde er zu Marianne hineingeführt.

Auf dem Boden ihres Zimmers kauernd, das braune Haar dicht und wirr um ihr armes Gesicht, – das Gesicht eines fassungslos leidenden Kindes, – ganz stumm und sehr abgemagert, denn sie weigerte sich, Nahrung zu sich zu nehmen: So sah er sie zum ersten Mal.

Was ihn betroffen machte und fesselte, von allem Anfang an, das war die Stärke dieses Temperaments, das gegen den Tod anstürmte, ihm innerlich fortwährend seine Beute abzujagen schien. Nie, meinte Tomasow, ein Gleiches an Seelenkampf geschaut zu haben, – an Kampf gegen das Unentrinnbare, – wie er jetzt Tag um Tag vor sich sah, seitdem er begonnen hatte, Marianne seine ärztliche Pflege zu widmen.

Ihre Verwandten bedauerten sie aufrichtig, aber ihnen war von Beginn an die Ehe verrückt vorgekommen. Beide Gatten so blutjung, beide noch kaum reif für den großen Jubel und den großen Ernst, den sie vom gemeinsamen Leben erwarteten, – und der junge Künstler noch keineswegs genügend zu Geld oder zu Ruhm gelangt, als er um Marianne warb. Dass er auch dazu, wie zu allem, eben ihrer Nähe bedurfte, verstanden die vernünftigen Leute nicht. Und er durfte sie auch keines Bessern belehren, denn als es ihm eben gelingen wollte, musste er schon sterben.

Das jedoch war wiederum Marianne unfähig zu verstehn, – nein, nie und niemals vermochte sie es zu fassen, dass das Leben wider ihren liebsten Menschen sein konnte, dass es ihn sterben lassen, – ihn im Stich lassen konnte.

Auf Tomasows Rat kam Marianne aufs Land. In einem Dorf bei Moskau bezog eine alte Verwandte mit ihr ein kleines Landhaus, dicht neben einem verwilderten Park gelegen, der zu einer ehemaligen Privatbesitzung gehörte.

Es wurde grade Frühling, – später nordischer Frühling. Unendliche Ebenen im ersten Ergrünen, weite knospende Birkenwälder, ein stiller baumumstandener See –.

Dort in der Einsamkeit, dort im Frühling, dessen sanfte Schönheit ihr bis zu Tode wehe tat, und der ihr mit seinem Zauber die Seele blutig riss, tobte sich für Marianne das Schwerste rückhaltlos aus.

Sie gesundete vielleicht aus der nämlichen Kraft heraus, aus der sie gelitten hatte, – sie durchkostete ihren Schmerz viel zu stark und inbrünstig, um sich nicht eines Tages auch selbst von ihm zu heilen.

Von der Veranda des Landhauses führte ein primitives Holzbrückchen, über etwas morastiges Wassergerinsel geschlagen, direkt auf die grasbewachsenen Wege des alten Parks. Unzählige Mückenschwärme durchsummten ihn im Sommer und hielten beständig einen feinen dunklen Ton in der Luft fest; warm und feucht stieg von den schattigen Wiesen der Duft über üppig verwilderten Blumen auf, und hier und da stand eine zusammengebrochene, bemooste Steinbank an lichte Birkenstämme gebaut. Hier hinaus fuhr Tomasow jeden Tag. Wenn er kam, pflegten ihm die beiden kleinen Mädchen schon entgegenzulaufen, Annunciata, die Ältere, mit muntern großen Sprüngen, und die jüngere, Sophie, die immer zu hastig lief und oft über ihre eignen kleinen Beine stolperte, bis sie endlich der Länge nach und mit bitterm Geschrei bei ihrem Freunde angelangt war.

In der Stadt und in seinen eignen Angelegenheiten beschäftigten Tomasow allerlei komplizierte Sorgen: wie er sich zur Heimat stellen, sich in ihr einleben werde, und warum ihr noch so vieles abgehe, was in den kulturreifern Ländern des Auslandes längst auf der Tagesordnung stand? Aber hier in diesem sommerdunklen Park, bei Marianne und ihren Kindern, verblasste ihm regelmäßig die Wichtigkeit aller Kultur- und Geistesfragen. In den Vordergrund trat das Leben in seiner elementarsten, seiner einfachsten Bedeutung, – das Leben angesichts des Todes und die Frage, ob es zu ertragen sei. Es kam ihm vor, als müsse das Leben etwas Schönes sein, weil er Marianne leise dazu zurückkehren sah, – ganz leise anfangs, indem sie mit den Kindern zu spielen begann.

Noch ehe sie wieder für sie zu sorgen und zu denken wusste, spielte sie mit ihnen, als sei sie selbst noch nicht viel mehr, als ein schwaches

Kind. Und doch hatte sie damit schon die große Frage für sich beantwortet.

Der erste Gedanke, der später ganz von ihr Besitz nahm, war ebenfalls naheliegend und primitiv: der Drang, für das tägliche Brot zu arbeiten. Für den Augenblick war diese Sorge ihr von andern abgenommen worden, – und im Fall der Not versprach man, ihr auch die Kinder abzunehmen.

Sie wollte mit ihnen zusammenbleiben können, sie selbst ernähren können. Daran erstarkte sie.

Tomasow erinnerte sich gut des entscheidenden Gespräches darüber, an einem unerträglich heißen Sommernachmittag voll Gewitterdrohungen, auf einer Bank im Park. Er ging auf alles ein, was Marianne wünschte, froh, sie überhaupt schon so weit zu haben, dass ihr starke Wünsche und Sorgen kamen. Er erbot sich auch, alle ersten notwendigen Schritte in der Sache zu tun.

Da hob Marianne die kleine Sophie auf ihren Schoß und sich zu Cita niederbeugend, die sich neugierig horchend an ihr Knie drückte, rief sie leise: »Jetzt wird Ma für ihre lieben Kinder schrecklich viel zu tun bekommen! Und je mehr sie tut, desto schöner und größer sollen sie ihr werden, von Tag zu Tage! Ist das nicht herrlich, ihr Kinder?«

Citas kleine Ohren mochten aus den Worten nur den Klang aufgefasst haben, – einen so ungewohnt freudigen Klang, dass er an etwas ganz Fernes, Süßes, schon halb Vergessnes mahnen musste, was einst durch alle Worte der Mutter hindurchgejauchzt hatte, als seien es ebenso viel liebkosende Verheißungen.

So klatschte sie stürmisch in die Hände und sprach der Mutter nach: »Herrlich, ihr Kinder!«

Und in der schwülen Gewitterluft unter den reglosen Bäumen saß Marianne zum ersten Mal mit einem Anflug von Lächeln da, wie am Vorabend von bessern, festlichern Tagen.

Tomasow aber dachte fast mit Abscheu an das lähmende, entnervende Arbeitsleben, das nun vor ihr liegen sollte. Und angesichts dieses Lächelns stiegen andre, schönere Möglichkeiten für die Zukunft vor seinen Gedanken auf –.

»Unterschätzen Sie nur die Schwierigkeiten der Sache auch nicht allzu sehr!«, bemerkte er nach einer Pause mit zögerndem Warnen. »Es ist noch nicht sicher, ob Sie so brutalen Anforderungen an Ihre Spannkraft gewachsen sind.«

Marianne hob den Kopf und sah ihm mit zversichtlichem Vertrauen ins Gesicht. Ihre Hand lag auf Citas Haar.

»Dass ich ihnen nicht gewachsen bin, weiß ich wohl!«, sagte sie ruhig. »Aber Sie werden mir helfen, über mein bisschen Können hinauszugelangen. – Wollen Sie mir nicht dazu helfen –?«

»Ich will es gewiss, wenn Sie nicht bei näherm Zusehen selbst davor zurückschrecken!«

In Mariannens Augen trat ein Ausdruck wie qualvolle Erinnerung an die überstandenen Seelenkämpfe.

Sie murmelte: »Ich schreckte vor allem zurück, – vor jeder Minute, weil sie durchlebt sein wollte, – und war nicht auch das eine brutale Anforderung: – leben zu sollen –? Ich weiß, dass es mich noch manchmal überkommen wird, – dass ich dann nicht will, nicht kann, – ich werde mich gewiss noch oft vor dem Leben fürchten –.« Sie brach ab, ein Schauer ging über sie hin. Dann setzte sie jedoch langsam hinzu: »Deshalb muss jemand mir helfen, der meine Furcht und meinen Widerstand bricht, um der beiden Kleinen willen.«

– In diesem Augenblick begriff er, wie nah er ihr in der schweren Zeit getreten war als der Unbeteiligte, Unbeeinflusste, der sich ihr ärztlich und menschlich mit strenger Sachlichkeit gewidmet hatte. Er begriff, wie viel sie seiner Hilfe zuschrieb, was zu einem großen Teil die Hilfe ihrer eignen Natur gewesen war.

Ihr sollte er helfen, fortan dem Leben gewachsen zu sein, – dabei aber lebte er noch sein eignes Leben in unschlüssigem Zwiespalt –.

Und dennoch: Er fing an, daran zu glauben, dass es ihm ihr gegenüber gelingen werde. Ein so starker Appell an seine eingreifende, planvolle Kraft ging von diesen ruhig vertrauenden Augen aus, – eine so starke Freude an der ihm auferlegten Verantwortung weckten sie in ihm, als spannten sich alle Fähigkeiten seiner Seele auf ein Ziel hin.

Und seltsam: Gleichzeitig empfand er es noch nie so bitter wie in der Stunde, nicht selber zwiespaltlos und einheitlich, mit voller Tatkraft, im Boden seiner Heimat zu wurzeln. Hätte er nicht schon als Jüngling, – in jugendlicher Begeisterung zu allem bereit, – immer nur an die harte, hohe Mauer der bestehenden Zustände stoßen müssen; hätte er nicht erst im Auslande draußen seine volle Entwicklung finden müssen; hätte er, vom Heimweh zurückgezerrt, nicht davon absehen müssen, in seiner Heimat grade diejenigen Einsichten und Fortschritte zur Wirksamkeit zu bringen, deren sie ganz augenscheinlich am dringendsten bedurfte, – wie ganz anders würde sich dann für ihn als Mann, als Mensch, sein Leben zusammengefasst haben! Wie oft würde es einen ähnlich starken, – und stärkern Appell an seine Leistungskraft enthalten haben!

Aber davon sprach er nie zu jemand; in der Fremde sprach er von der Heimat nur leise, und dann zärtlich, wie von einem leidenden Kinde, das auch nur anzurühren man Fremden schon verwehrt; und daheim konnte er von seinen Jahren im Auslande nicht mit dem Akzent reden, den sie für ihn besaßen, weil hier alle seine Worte unwillkürlich so ausfielen, als sei ihm bloß egoistisches Genussleben gewesen, was ihm dort mindestens ebenso sehr als eifriges und ernstliches Arbeitsdasein vorgekommen war.

Er schwieg deshalb, misstraute den Menschen, und sie vertrauten ihm nicht mehr recht.

– Während er im alten, dichten Park auf der Steinbank unter den Birken saß, schaute er, in solche Gedanken versunken, auf Marianne hin.

Sie blickte gradeaus über die Wiesengründe in die Ferne, den Kopf ein wenig vorgeneigt, die Hände leicht im Schoß gefaltet. Der lose aufgesteckte Haarknoten ließ die sanfte Wölbung der Nackenlinie wundervoll frei.

Kein einziger Zug bewusster Selbstständigkeit in der gesammelten Haltung, und doch etwas wie Getrostes –

Es erfüllte ihn mit Erstaunen!

Was ihm auch geschähe: Zu allerletzt würde er doch imstande sein, zu einem zweiten Menschen so vertrauensvoll aufzublicken, dass er dessen seelischer Hilfe sich gläubig anheimgab!

Und bei ihr war das im Wiedererwachen zum Leben das Erste, – das Unwillkürliche –.

Das Allererste, was sie wiederfand, war eine ruhige, vertrauende Gebärde. – –

2.

Draußen herrschte das lustigste Schneetreiben von der Welt.

Den Kutschern und vielleicht auch ihren Gäulen lachte das Herz im Leibe drüber, wie leicht heute die Schlitten über den weißblendenden

Boden dahinflogen, der seit etlichen Tagen einer erneuten Schneelage entbehrt hatte, sodass hier und da bereits das holperige Steinpflaster der unebenen Moskauer Straßen durch den zerstampften und vergrauten Schnee durchzuscheinen begann.

Auch Marianne freute sich, schnell vom Fleck zu kommen. Seit dem frühen Morgen war sie schon so viel herumgetrieben worden, in verschiedene Privatstunden und eine Schule.

Noch ein paar Tage lang! Dann gab es Ferien. Schlossen auch die Anstalten erst kurz vor Weihnachtsabend, so hörte doch der Unterricht in den Häusern meistens schon früher auf.

Marianne kam von weit außerhalb gefahren, wo sich an den Grenzen der Stadt ein großes Mädchenstift befand, nicht allzu fern von dem berühmten Jungfernkloster, dessen fantastische Türme herüberwinkten. Auf dem Rückwege von dort ließ sie ihren Schlitten in einer unbelebten, fast ländlichen Vorstadtgegend vor einem einstöckigen, rot angestrichenen Holzhause halten.

Sie stieg aus, bezahlte und ging über den weiten, hellen Hof, den ein einfacher Lattenzaun umschloss, auf eine Wohnung im Erdgeschoss eines Hauses zu, an der sie mit beinah ungeduldiger Freude läutete.

Dies Erdgeschoss war himbeerfarben. Mit rührendem Vertrauen in die Schönheit des Farbigen überhaupt, war hier ein bunter Ton neben den andern gesetzt. Aber das gedämpfte Winterlicht ward zum Künstler an all dem Grellen: Es stufte es wunderseltsam ab, bis es aussah, als stünden die bunten Farben da, wie Blumen in einem Strauß.

Hier pflegte Marianne jeden Sonnabend vorzusprechen, wenn sie der Weg vom Stift vorüberführte, mochte die Zeit auch noch so knapp sein. Denn jedes Mal bedeutete das für sie inmitten der Arbeitswoche eine sonntägliche Stunde.

Eine ihrer ehemaligen Lieblingsschülerinnen, seit Jahresfrist verheiratet, wohnte hier; eine, die ihr innig zugetan blieb, auch nachdem sie, längst der Schule entwachsen, mit Energie und verblüffender Leichtigkeit Mathematik studiert und es darin zu etwas gebracht hatte.

Die junge Frau öffnete selbst die Tür und bewillkommnete ihren Besuch mit drei schallenden Küssen, einen auf den Mund und je einen auf Mariannens schneenasse Wangen. Dann nahm sie ihr den weiß überschneiten Pelz von den Schultern und schüttelte ihn aus, wobei sie aber sorglich jedes Geräusch vermied.

»Dadrinnen steckt Taraß tief bis über die Ohren in einer Arbeit über das Vogelgetier«, flüsterte sie in ihrem weichen Russisch, das an sich schon zärtlich klang, und wies auf das Hauptzimmer der kleinen Wohnung.

Erst jetzt bemerkte Marianne die breite buntgestreifte Küchenschürze an ihr, und dass sie die Ärmel hochgezogen hatte. Eine Messerbank, nach der sie griff, musste sie eben erst hastig aus der Hand gestellt haben.

Im Hintergrunde des engen dämmerigen Vorflurs stand die Tür zur Küche noch offen; man sah die Holzscheite im Herdfeuer rot glimmen.

»Ja, unser Mädchen ist nämlich schon wieder krank. Sie ist wirklich ewig krank, diese Ärmste«, sagte die junge Frau und zog Marianne in die Wohnstube.

Die Wohnstube war ziemlich groß, niedrig und so dicht über dem Hof, dass der gegenüberliegende Schneehaufen sie schon verfinstern konnte. Auf dem Hof flogen weiße und graue wohlgemästete Tauben umher, flatterten auf den Fenstersims und schlugen mit ihren Flügeln an die Scheiben, an denen drinnen blühende Azaleen standen.

Ein Teil des Zimmers wurde durch zwei mitten hineingebaute mannshohe Scheinwände isoliert, hier befand sich der Schlafraum. Die zurückgeschobene Portiere ließ das Ehebett unter einem Baldachin von geblümtem Stoff sehen, sowie die Ecke mit den Heiligenbildern. Ein paar davon besaßen schwere Silberverkleidung; unter ihnen hingen gestickte Handtücher und lagen auf einem Wandbort geweihte Brötchen.

Im Wohnraum am Fenster stand breit und bequem ein Tisch, worauf sich in friedlichem Nebeneinander Schreibereien und Hausarbeiten, nicht grade zierlich geordnet, befanden. Auf einem Seitentisch zeigte der nie fehlende blitzende Samowar, dass hier auch gespeist wurde.

Marianne hatte es sich wunderschön behaglich gemacht in einem Großvaterstuhl, der dicht bei einem wärmeausstrahlenden Kachelofen von anerkennenswerten Dimensionen stand. Neben dem Ofen hing am Bande eine altertümliche kleinrussische Gitarre, eine Gusli. Fröstelnd vergrub Marianne ihre durchkälteten Füße im Bärenfell, das sich vor dem Stuhl ausbreitete.

»Das ist unser Diwan, dort sitzen wir immer beide drin«, sagte die junge Frau.

»Ist es jetzt nicht sehr schlimm für euch mit dem kranken Mädchen, Tamara?«, fragte Marianne bedauernd. »Da werdet ihr kündigen müssen. Wie treibt ihr es nur überhaupt –? Du alle Morgen in deinem statistischen Büro, dein Mann über seiner ornithologischen Gelehrsamkeit? Was fangt ihr denn jetzt an?«

Tamara lachte leise auf, ihr ganzes freundliches Gesicht lachte mit.

»Wir treiben's, wie es eben geht; – es wird ja auch wieder besser. Alles wechselt unter dem Mond. Kündigen wollen wir nicht; darauf vertraut die Arme so fest.«

»Russische Sorglosigkeit!«, dachte Marianne bei sich. Aber sie mochte nichts Tadelndes äußern, sie wiegte sich darin wie in etwas Wohltuendem.

Vielleicht wäre es anderswo tadelnswerter gewesen, doch ihr schien immer: Wo man unter russischen Menschen war, wo diese Sprache klang, da wurde das Leben in der Tat in allen Dingen gleichsam simpler und weiter, – vertrauender. Obschon sie selber kein russischer Mensch war, so zählte sie doch nicht zufällig unter diesen ihre besten Freunde.

»Aber überanstreng es dich auch nicht, Tamara?«, meinte sie besorgt. »Noch kann es ja eine ganze Weile dauern, ehe dein Mann die verdiente Berufung bekommt, und ehe du also dem statistischen Büro ein Schnippchen schlagen kannst.«

Tamara schüttelte belustigt den Kopf, von dem zwei starke Zöpfe unaufgesteckt niederhingen.

»Bis dahin hilft mir eben mein Mann. Wenn ich nicht mal *das* von Ihnen gelernt hätte, Marianne Martinowna: gute Laune am Alltag bewahren, – die schönste Lektion, die Sie unbewusst allen Ihren Schülern mitgeben, – gratis neben all dem Schulkram.« Tamara fuhr ungeniert mit dem Messerputzen fort, worin sie der Besuch unterbrochen hatte. »Und im Sommer«, bemerkte sie mit aufleuchtendem Blick, »da erholen wir uns schon! Da schlepp ich den Taraß zu den Eltern aufs Gut, oben hinauf nach Wologda, in meine lieben großen Wälder. Da erholen wir uns schon! Ach, warum sind wir da nicht zwei Einsiedler! Sie können mir glauben: Ich bin doch gewiss glücklich, aber Heimweh nach den Wäldern und dem Norden hab ich doch. – Aber nun erzählen Sie doch mal von sich? Also die Cita ist heimgekommen?«

Marianne nickte.

»Mit Beginn der deutschen Weihnachtsferien und bleibt bis über die russischen da. Aber ich habe noch so wenig von ihr, – es war eine so gehetzte Arbeitszeit. Drum wird Weihnachten diesmal so strahlend schön! Mir kommt vor, als ob ich mich seit meiner Kindheit nicht mehr so darauf gefreut hätte, wie dieses Mal. – Immer möcht ich die Cita jetzt nahe um mich haben, – so ganz nah bei mir, – sie so recht tief anschauen: ›Bist du noch dieselbe? Ist auch nichts an dir verändert? Hat mir die Trennung nichts gestohlen? Zeig mir all dein Schönes: – das und das und das, – weißt du noch?‹ Ach, Tamara, du hast noch kein Kind, – kannst du das wohl begreifen?«

Tamara nickte schweigend.

In der Küche hörte man es bedrohlich brodeln und zischen. Sie setzte die Messerbank nieder, lief hinaus, klapperte ein Weilchen draußen zwischen den Tiegeln und Töpfen und kehrte dann in die Stube zurück.

»Ja«, sagte sie, »nun ist also Cita auf dem Wege, etwas Erkleckliches zu werden. Aber, Hand aufs Herz, liebe Marianne Martinowna: Wären Sie nicht doch seelenfroh, wenn – ja wenn sich die Cita ordentlich verliebte und heiratete?«

Marianne blieb einen Augenblick lang stumm. Dann sagte sie fast andächtig: »Wenn über meine Kinder *mein* Glück käme, – ein so unfassbares Frauenglück, das reicher und weiser macht, als alle Reichtümer und Weisheiten der ganzen Welt zusammengenommen, – wenn ihnen das geschenkt würde! – Und wären es auch nur acht kurze Jahre, wie bei mir, gleichviel. Und käme auch selbst dahinter – wie bei mir –«

Sie konnte nicht weitersprechen.

Tamara sammelte schweigend ihre Messer zusammen. Nach einer Pause bemerkte sie dabei: »Kenne ja auch die Freude am Lernen. Aber mein heimlichster Traum war doch immer nur der aus dem Märchen von Puschkin, dem Zar Saltan: Möchte Gott mir geben, einen Helden, einen Bogatyr, zu gebären! Ja ja, dafür kann man nichts tun. Sonst wär es ja auch nur wieder armseliges Menschenwerk. So ist es: Studium ist Verdienst, aber Liebe ist Gnade. – Aber ganz jammerschade scheint es mir, dass Sie nicht mit Ihren beiden Kindern zusammenleben können wegen des Studiums, – gradezu eine Missetat scheint es mir manchmal.«

Marianne fiel rasch ein: »Darüber muss man nicht nachdenken. Es ist nicht anders. Ich muss Sophie doppelt geben, doppelt –«

»Aber ich hätte Ihnen einen kuriosen Vorschlag zu machen«, meinte Tamara, »wenn nur Cita nicht grade in Berlin studierte.«

»Einen Vorschlag –?«

»Ja, von meiner Tante bin ich dazu autorisiert, – wissen Sie, von der, die in Bern das Mädchenpensionat leitet und voriges Jahr hier war.«

»Ach, tut sie das noch immer? Sie klagte doch schon so über ihr Alter und ihre Gebrechlichkeit. – Will sie es etwa abtreten?«, fragte Marianne mit unverhohlener Spannung.

»Sie möchte gern einer Hilfe die Leitung übergeben. Sie wissen: Es sind lauter unerwachsne Mädchen, vielfach Russinnen, die dort den sogenannten letzten Schliff bekommen. – Und auf Sie hält sie so große Stücke, sie wäre entzückt. Aber es wäre doch wohl nichts?«

Marianne schüttelte zögernd den Kopf. Im Stillen rechnete sie nach. Es war ihr klar, dass sie hier mehr verdienen konnte. Und schließlich blieb Cita auch dann weit von ihr.

Aber wenn es doch möglich wäre, – mit Cita? Sie wurde ganz still und hörte nicht auf, zu rechnen.

An der Tür, die das Wohnzimmer mit der größern Hauptstube verband, wurden rasche, ungeregelte Schläge hörbar, wie ein Geprassel von Kleingewehrfeuer.

Tamara sagte mit befriedigtem Lachen: »Das ist Taraß' Triumphgeschrei: Er hat für heute glücklich sein Ei gelegt. Es ist auch hohe Zeit, dass er frei wird. Ich muss schnell den Tisch decken.«

»Und ich muss leider weiter wandern«, äußerte Marianne mit einem Seufzer; sie erhob sich ungern aus ihrer weichen, behaglichen Ecke.

Tamara nickte betrübt.

»Wir armen Arbeitsgäule«, meinte sie lächelnd und stieß die Tür nach dem Vorflur auf, laut rufend: »Taraß, bist du da? Komm doch mal her, Marianne Martinowna muss schon fortgehn.«

»Jawohl!«, schrie es aus der Küche zurück. »Aber dann musst du herkommen, – das Zeug brennt an!«

Der Ton der Verzweiflung, worin das verkündet wurde, erheiterte Marianne. Sie trat auf den Vorflur hinaus und schaute nach der Küche. Tamara war, die Hände ringend, schon an ihr vorbei vorausgeschlüpft.

Zwischen seinem Studierzimmer, das weit offen war, und der Küche mitten drin stand auf dem Vorflur Tamaras Mann mit lebhaft vorgerecktem Hals und richtete seine Augen angsterfüllt auf eine Pfanne, die auf dem Herde stand und furchtbar zischte. Die Brille hatte er sich auf die Stirn geschoben.

Seine Frau stürzte zur Pfanne.

»Geh nicht so nah heran, geh ihr nicht nah!«, rief er beängstigt. »Das Zeug spritzt! Man darf sie nur von hier aus ansehen. Es spritzt! Pass auf, es spritzt in die Augen!«

Als das Zischen und Prasseln gelinder wurde, wandte er sich aufatmend der lachenden Marianne zu. Auch er lachte nun. Aus seinem hübschen dunklen Bart, der tief über das gestickte russische Hemd fiel, das er zu Hause trug, schimmerten die Zähne.

»Ja, ich war nun grade fertig, – und angerührt hatte sie die Geschichte ja, ich sollte nur Wache halten, – aber aufregend ist die Sache ungeheuer, – uff!«, und er fuhr sich über die Stirn und die etwas wildgewordenen krausen Haarringel.

Tamara, die am Herde herumwirtschaftete, rief: »Ja, darin ist er gut, wirklich! Sie sollten nur wissen, was wir uns beide alles zusammenkochen. Aber ohne Herzklopfen geht es eigentlich nie ab. – Die reine Nervenkur. – Er tut es auch nur, um wenigstens gelegentlich zu beweisen, dass ich ihm neben seinen Vögeln doch auch was gelte.«

Sie kam aus der Küche, streifte die Ärmel herunter und trat zu Marianne, die sich grade an den Vögeln ergötzte, die man im offenstehenden Arbeitszimmer sah. Jeder Platz, den die Bücher übrig gelassen hatten, gehörte den Vögeln, – toten, ausgestopften Bälgen – und lebendigen in zwei Riesenkäfigen, aus denen es zwitscherte, piepte und sang.

»Ja, denken Sie nur«, behauptete Tamara, »sein Getier konnte er sogar auf der Hochzeitsreise nicht vergessen. Ich konnte nicht gefühlvoll gegen ihn werden, ohne dass er mir sofort auseinandersetzte, wie es zum Beispiel die Enten und Gänse in ihren Liebesspielen untereinander halten. Damals schrieb er nämlich grade über die. Zuletzt war ich ganz beschämt, keine Gans zu sein.«

Ihr Mann wurde verlegen, aus seinen träumerischen dunklen Augen sah er Marianne hilflos an.

»So war es gar nicht, – nein, so war es nicht«, bestritt er lebhaft. »Ich habe nur gesagt: Ein Gelehrter zu sein, das ist nichts ohne Liebe. Man muss die Tiere lieben, dann versteht man sie gut. Und dann habe ich ihr erzählt, die Enten wären –«

Aber seine Frau fiel ihm ins Wort. Vom nächststehenden Tisch in seinem Zimmer hatte sie geschwind ein dickes Buch aufgegriffen, ein Werk von ihm, schlug es fachkundig auf und las mit heller Stimme:

»Beispielsweise – *pagina* 136: ›Alle Männchen ziehen sich nahe zusammen. Dann schwimmt je ein Weibchen zwischen ihren Reihen schnell hindurch. Hierauf schnellen die Männchen im Takt in die Höhe, biegen dann den Schnabel gegen die Bauchmitte und pfeifen *a tempo*. Verpasst einer der Enteriche dabei den genauen Anschluss, so scheint das etwas Übles zu sein: Er muss alsdann seine Kräuselfedern in die Höhe richten und vernehmlich: ›Räp!‹, rufen –‹«

»Schäme dich! Schäme dich!«, rief Taraß laut. »Ich habe dir nicht so was vorgelesen, – ich habe dir Lieder zur Gusli gesungen!«

»Ja, wissen Sie warum?« Tamara legte das Buch aus der Hand. »Um mir mit kleinrussischen Klängen mein Nordrussland zu verleiden! Ist denn Kleinrussland noch Russland?! Ach, wir zanken uns darüber noch bis zu Tode!«

»Nicht wahr! Nicht wahr!«, rief Taraß dazwischen. »Die schönsten Lieder und die schönsten Sagen sind im Norden und Süden gleich! Der blinde Sänger unten bei uns singt dir, was bei euch gesungen wird. Aber vom Süden hinauf ist es gekommen!«

»Vom Norden zu Euch ist es gekommen!«, ereiferte sich Tamara. »Von da oben, wo alles rein russisch blieb. Wo auch später nicht einmal der Tatar hindrang –.«

Marianne verließ sie zwischen Küche und Stubentür im vollsten Streit. Sie lachte noch, als sie auf den Hof hinaustrat zwischen die gurrenden Tauben. Beschämt sah sie nach ihrer Uhr. Noch konnte sie rechtzeitig zur Unterrichtsstunde kommen, doch musste sie sich tüchtig beeilen.

Eine Weile später durfte sie endlich für kurze Zeit heimgehn. –

Obgleich Marianne müde war, machte sie den Heimweg zu Fuß. Das Schneetreiben hatte nachgelassen, hier und da schaute schon die Wintersonne freundlich zwischen zerrissnem Gewölk hervor.

Marianne liebte es, durch diese Straßen zu wandern, die ihr bei ihren Gängen tagein, tagaus, jahrein, jahraus vertraut geworden waren wie ein Heimatort. Das Ungeordnete und Halbasiatische auf vielen von ihnen störte sie nicht mehr, – nicht die Bettler oder Betrunkenen, die ihr begegneten, nicht die grellbemalten Schenkenschilder mitten zwischen dem bizarren Glanz der zahllosen Kirchen und Kapellchen.

Und sie musste lächeln, wenn sie schmale, hügelige Gassen sich plötzlich auf einen jener Riesenplätze öffnen sah, die wie weite Ebenen sein konnten, und an deren Rande mitunter kleine Häuser kindlich dastanden wie Spielzeug neben den ungeheuren Raumverhältnissen mancher Nachbarbauten.

Denn der Raum hatte hier keine Bedeutung, keinen Hochmut; keine Pracht schien sich ihrer Größe zu rühmen, und keine Bescheidenheit möglichst eng zusammenzukriechen. Größe und Kleinheit warfen friedlich ihren Wert in eins, nachlässig zueinander gesellt, wie Baum und Grashalm in derselben Landschaft.

Sogar der Kreml, der von jedem Punkt Allgegenwärtige, erschien fast nur zufällig groß: als im Grunde wesensgleich irgendeinem der kleinen heiligen Altarschreine in Kapellenform, wie sie Fürst und Bauer zu eigen besitzen, – aber von der Inbrunst einer gewaltigen Andacht irgendwann einmal in solchen Dimensionen geschaut und fixiert, dass er fortan immer allen sichtbar blieb, immer allen gemeinsam gehörte –.

Mitten in der Stadt sah sie, wie dort so oft, ein kleines mageres Füllen neben dem Mutterpferd traben, das einen Lastwagen zog. Das glückliche Pferd! Es brauchte nicht von seinem Kinde fort, wenn es auf Arbeit ging.

Marianne fand: Alle Arbeit, die Frauen tun, müsste so weise eingerichtet sein.

Sie seufzte und ging rascher.

Beim Überschreiten eines Fahrdammes musste Marianne innehalten, weil zwei Gefährte ineinander geraten waren, was beim wahllosen Durcheinanderjagen leicht genug geschah.

Die Fuhrleute schrien sich an und fluchten sich gegenseitig in die Hölle; der eine Schlitten wurde frei und flog weiter, am andern war der Gaul ausgeglitten und gestürzt.

Ein Mann, der den Schnee vom Fußsteig schaufelte, trat heran, um zu helfen, doch keine Neugierigen blieben gaffend stehn. Nur ein kleines Mädchen mit rotem Kopftuch schaute auf das daliegende Pferd und kraute es im Vorübergehn mitleidig, mit ganz schüchterner Liebkosung, am Stirnhaar, wie um es zu trösten. Ein Schlitten kam an der Gruppe vorbei und hielt jählings an.

Tomasow saß darin. Er warf dem Kutscher ein Geldstück zu, sprang heraus und ging auf Marianne zu.

»*Quelle chance, madame!*«, sagte er lächelnd, und streckte die Hand aus.

»Und nun begleiten Sie mich nach Hause!«, meinte sie gleich.

»Aber selbstverständlich.«

»Das heißt, – falls Sie nicht etwas Wichtigeres vorhaben –?«

Tomasow machte ein etwas spöttisches Gesicht.

»Was sollte ein Tagedieb wie ich besonders Wichtiges vorhaben?«

»Tagedieb! O pfui!« Sie war entrüstet. »Sie sind ja doch Arzt!«

»Nicht allzu sehr. Mir würde es vielleicht bald genügen, Ihrer Gnaden, Frau Mas, Leibarzt zu sein.«

Aber sie ging auf den scherzenden Ton nicht ein.

»Dafür sind Sie noch zu jung, um sich zurückzuziehen. Das wäre sehr, sehr schade. Für viele!«, antwortete sie ernst.

»Aber ganz und gar nicht! Hier gibt es genug Ärzte für Moskau, – viel zu viele, – sie treten einander auf die Füße. Es ist gradezu eine gute Tat, Raum für sie zu schaffen. – Sie werden sagen: in der Provinz? Ja, das ist schon etwas andres. Aber Sie wissen, dafür bin ich verdorben. Es fehlt mir durchaus an der nötigen Aufopferungslust, um in irgendeinem Winkel zu versimpeln, – als Menschheitsheros oder als stiller Säufer.«

»Sie sind heute entsetzlich garstig!«, rief Marianne und hielt ihren Muff ans Ohr. Sie lief förmlich von ihm fort. »Warum machen Sie sich schlecht vor mir? Warum nur? Ich weiß schon selbst, ob Sie was taugen oder nicht.«

Tomasow suchte nach seinem Kneifer, den er selten trug, und setzte ihn auf, was seinen Gesichtsausdruck ganz verwandelte, als setze er eine Maske auf.

»Laufen Sie nicht so schrecklich geschwind«, sagte er; »wollen wir nicht überhaupt fahren?«

Marianne schüttelte abwehrend den Kopf.

»Nein, ich muss ohnehin so viel sitzen. Und die Luft tut jetzt gut. Ich gehe so gern durch all die Buntheit und Herzlichkeit des Straßenlebens hier; wenn's die Zeit nur öfter erlaubte! Sie nicht?«

Tomasow zuckte mit einer Gewohnheitsgebärde die Achseln.

»Wie man's nimmt. Meistens ärgere ich mich dabei, weil ich mich frage, warum in aller Welt einen das Heimweh immer wieder auf den alten Fleck zurückzieht? Sooft ich versuche, auf längere Zeit fortzugehn, – ich komme doch wieder. Was soll man aber hier? Ja, wäre man noch ein richtiger dem Grabe entstiegener Altrusse von vor Peters Zeiten, so einer mit langem Bart und langem Kaftan –! Denn sonst würgt man hier ja nur an alledem, wozu man sich eventuell im europäischen Geistestreiben mit entwickelt hat. – Ich will mich nicht entschuldigen, aber das macht so merkwürdig indolent.«

»Sobald Sie Ihre Russen von Herzen lieben, haben Sie auch einen Wirkungskreis unter ihnen«, meinte Marianne.

»O nein! Das ist ein Irrtum. Sehen Sie sich nur einmal das Volk an mit seinem breiten Gleichmut gegen die ganze eigentliche Welt der Kultur, – wie es alle seine wirklich tiefen Interessen anderswo hat, – was weiß ich, wo: bei Wind, Wetter, Tod, Musik, Ammenmärchen, Heiligenbildern –. Mit seinen Aufklärern war es noch nie eins. Gegen sie lehnt es sich auf. Und dies Naturell, dies seelische Tempo, ist mindestens ebenso oft schuld an seinem Zurückbleiben, wie unsere oft verrufenen Zustände.«

»Ich weiß schon! Fangen Sie nur nicht an zu politisieren!«, sagte Marianne. »Lieber will ich es sein, die Ihnen von diesem Volk erzählt: zum Beispiel könnte ich Ihnen davon erzählen, warum ich hier, in dieser russischen Stadt, so gern grade an Sonntagen eine Gemäldegalerie besuche, wo auch das Volk vor den Bildern steht –. Es tritt leise auf mit seinen schweren Stiefeln und ist voll von Andacht. Haben Sie eine solche Andacht schon anderswo häufig beobachtet? Man muss nur in des Volkes seelische Art eingehn, um seine Seele zu fassen.«

»Das mag alles sein. Indessen für den einzelnen bleibt das geistige Unbehagen, hier zu leben, weil das Volk in seiner Aufklärung noch nicht weiter ist.«

»Oder weil wir nicht tiefer sind, mit all unserm Geist«, meinte Marianne nachdenklich. »Jedes Menschenleben sollte doch von jedem Punkt aus, durch die aufrichtige Macht seines Erlebens, bis in alle Tiefen gelangen können, – nicht nur da, wo der Verstand es so herrlich weit gebracht hat. Könnten wir uns nicht durch unsre einseitige Geistigkeit um dieses Kostbarste bringen? – Was Ihnen hier auf die Nerven fällt, mein lieber Freund, das tut mir so unendlich wohl bis in alle Nerven. Es ist wie ein Trost, wenigstens für den, der, wie ich, nicht mehr mit kann in der großen Kulturhetze, in den immer rastlosern Fortschritten, in der ganzen nimmersatten Selbstentwicklung –«

Marianne sprach lebhaft, fast übereifrig.

Tomasow warf ihr einen aufmerksamen Blick zu. Es war selten, dass sie etwas äußerte, was wie Resignation über ihren Tagesberuf klang, der sie zu nichts anderm kommen ließ.

»Ein Trost, den Sie aber doch am allerwenigsten brauchen«, bemerkte er, »so frisch und angeregt wie Sie –«

»Von Stunde zu Stunde laufen!«, ergänzte sie mit gutmütiger Ironie. »Ja, so ist es nun einmal: Zeit und Schwung lässt das nicht übrig. Und ich würde jetzt eine traurige Rolle spielen in euren glänzenden Geisteszirkeln, unter euren entwickelten Menschen, von denen Cita und auch Sie so gern aus eurem ausländischen Leben erzählen –«

»Unsinn, Ma!«, fiel er ein. »Niemand in der Welt eignet sich so herrlich dazu, wie Sie, zwischen solchen Menschen zu leben. Sie würden dort strahlen –«

Marianne schüttelte den Kopf.

»Nein, das würd ich wohl nicht, und das will ich ja auch gar nicht. Aber es ist doch gut für mich, dass ich nicht so ganz nah dabei stehn muss –. Ich würde die Liebe zu meinem Alltagsdasein nicht festzuhalten vermögen und fühle doch: Sie ist das allein Wichtige, das allein Ausschlaggebende –. Hier gibt es ja genug Hochstehende, Schaffende, Menschen über den Alltag hinaus. Aber sie leben einsam, und leben insgeheim doch nur für das Volk. Schon der Lärm der offiziellen Hauptstadt ist ihnen zu viel, deshalb ziehen sie hierher, – und am liebsten weit hinaus, bis an die Grenzen der Stadt, wo schon die Gärten beginnen.«

Marianne nahm Tomasows Arm und fuhr leiser fort: »Ihnen will ich gestehn, dass ich manchmal, aus tiefer Sehnsucht nach Erquickung heraus, hier und da ein Künstleratelier besucht habe –. Aber auch die, zu denen ich nie gekommen bin, meine ich zu kennen, als hätte ich heimliche Zugänge zu ihnen in allen müden Stunden. – Für mich gibt es noch ein zweites Moskau in Moskau, – mit stillern Straßen, als die ich Tag für Tag betrete, und mit Häusern, wo große Menschen wohnen, die ich verehre. Und manchmal, wenn ich so von Stunde zu Stunde haste, belebe ich meine eigne Ermüdung damit, dass ich mir einbilde, ich ginge gar nicht zu meiner Lehrstunde, sondern zu einem von ihnen –.«

»Und immer noch wieder leben Sie ein Leben, wovon man nichts weiß!«, entfuhr es Tomasow. »Wie können Sie nur von Schwunglosigkeit sprechen? Wer so viel Trost wie Sie schöpft aus –«

»Warten Sie einen Augenblick!«, unterbrach Marianne ihn unvermittelt und zwang ihn, mitten auf der Straße stillzustehn, während sie sehnsüchtig nach den ausgelegten Waren eines Straßenobsthändlers hinsah.

Der junge Bursche hatte sein Fruchtbrett vom Kopf gehoben und hielt, sich vor Marianne und Tomasow auf ein Knie niederlassend, ihnen erwartungsvoll seine Zitronen, Äpfel und prachtvollen Südtrauben entgegen.

»Ach, wer kann an so etwas vorübergehn!«, bemerkte Marianne seufzend und wählte mit entzückten Augen unter den großen tiefblauen Trauben. Tomasow sah zu, wie eifrig sie bei der Sache waren, der junge Händler und sie. Beide lachten vor Vergnügen.

»Eben wollte ich damit anfangen, Sie über allerlei zu trösten; aber ich sehe, es ist gar nicht mehr nötig«, sagte er, als Marianne fertig war; »Sie sehen aus wie ein beschenktes Kind.«

»Diese sind auch extra schön! Ich freu mich auf das Erstaunen der Kinder«, entgegnete sie, schneller ausschreitend, und steckte die Tüte hinter ihren Muff; »beide essen sie gern. – Aber wir sind wirklich gleich zu Hause! Wollen Sie nicht ein wenig mit hinaufkommen? Die Kinder würden so froh sein –«

»O nein, die haben ja schon die Trauben!«, sagte er spitz und schüttelte den Kopf. »Aber ich würde für mein Leben gern einmal so ein Obstbrett vor Ihnen ausbreiten, Marianne, – die schönsten Früchte, – ganz unwahrscheinlich schöne, – damit Sie dann so aussehen, wie jetzt eben.«

»Dummes Zeug!«, meinte sie ärgerlich. »Übrigens habe ich ja fast alles Schöne, was ich besitze, von Ihnen mal geschenkt bekommen. Ist Ihnen das nicht genug?«

»Geschenkt? Von mir? Ich wüsste nicht. Es ist nur Ihre eigenste Spezialität, die Dinge so aufzufassen, als kämen sie Ihnen von andern. Wenn ich Ihnen wirklich schenken wollte, wär es ganz anders –«

Marianne blieb stehn. Sie waren am Hause angelangt.

»Danke für Ihre Begleitung!«, sagte sie und gab ihm die Hand. »Sie sind zwar mitunter garstig gewesen, aber im Ganzen doch gut, wie immer.«

Er antwortete langsam: »Ein klein wenig garstig waren auch Sie. – Dass Sie mich Ihren Kindern mitbringen wollten, – gleichsam eine zweite Tüte, neben den Trauben. – Nun, irgendwann werden Sie das schon noch einsehen.«

»Auf Wiedersehen!«, rief sie heiter und öffnete die Haustür.

»Auf Wiedersehen, Ma! So bald als möglich auf Wiedersehen!«

Marianne lief rasch wie ein Mädchen die zwei Treppen hinauf, oben musste sie Atem schöpfen, als sie den Schlüssel in die Tür steckte. Aber alle ihre Ermüdung war verflogen, das Sprechen und Scherzen mit dem Freunde hatten sie von ihr fortgenommen.

Oben schien Besuch zu sein.

Sie trat vom Vorflur in ihr Wohnzimmer. Ja, da saß ein junger, ganz junger blonder Mann mit ihren beiden Töchtern und erhob sich ehrfurchtsvoll, als er ihrer ansichtig wurde.

»Dies ist Herr Hugo Lanz, Ma«, sagte Sophie vorstellend, »du weißt, wir trafen uns neulich in der Gesellschaft –«

»Ich komme nur als Abgesandter meiner Verwandten, gnädige Frau«, erklärte Hugo Lanz mit einer weichen sympathischen Stimme, »es handelt sich um eine Schlittenfahrt für heute Abend. Vor zehn Uhr sind alle wieder heimgeleitet.«

»Das ist freundlich von Ihnen«, entgegnete Ma und reichte ihm die Hand, »ja, fahrt nur, ihr Kinder.«

»Und du, Ma?«, fragte Cita.

»Ich bin ja heute Abend zum Tee bei Tante Ottilie und werde euch dort entschuldigen, ihr Nichtsnutze.«

»Aber du wirst heute zu müde sein, Ma«, meinte Sophie bedenklich und küsste die Mutter.

»Nein, Kind, ich bin jetzt so frisch. Und morgen ist Sonntag. – Aber wer fliegt jetzt wie ein Pfeil und zaubert mir geschwind eine heiße, starke Tasse Tee oder Kakao herbei?«

Die Mädchen stürzten zur Tür.

Hugo Lanz sah so heftig diensteifrig aus, als wollte auch er stürzen, aber er besann sich rechtzeitig auf das Zwecklose eines solchen Unternehmens.

»Tee also!«, rief Sophie.

»Nein, besser Kakao!«, rief Cita.

Sie verschwanden, und Hugo Lanz blickte ihnen ernsthaft nach – mit einem Gesicht, als hätte eine jede von ihnen etwas Geistreiches ausgesprochen, was lange dunkel in ihm gelegen habe.

Marianne sah den Blick und sah ihn selbst an und war ihm gut. Dass ihm die Gesellschaft dieser jungen, hübschen und geweckten Mädchen ausnehmend gefiel, begriff sie vollkommen und fand es in der Ordnung. Auch fürchtete sie nie, dass ihre Töchter je zu »gelehrt«

werden könnten, um zu gefallen. Ihr war zu gut bekannt, wie sehr dabei nicht der Kopf, sondern das Temperament entscheidet.

»Sie sind noch nicht lange hier?«, bemerkte sie freundlich, um dem Gast die Zwischenzeit füllen zu helfen.

»Nein. Überhaupt nur für einige Monate zu Besuch bei hiesigen Verwandten. Dann soll ich nach Deutschland zurück, um Kaufmann zu werden.«

Er sagte das trübe. Sie fragte nicht, doch traf ihn ihr Blick so warm und mütterlich, dass er spontan fortfuhr: »Mein Traum war, Künstler zu werden.«

Sie fragte auch nicht: in welcher Kunst? Sie sagte nur sehr weich:
»Der höchste Traum. Und die schwerste Erfüllung.«

Er hob die Augen bescheiden zu ihr.

»Aber man soll doch nicht gleich anfangs verzagen, nicht wahr? Ich fühle so bestimmt: Ich könnte mich dazu durchringen, wenn man mich nicht so ganz in die Familie einengen wollte. Ein Künstler und jeder, der es werden will, braucht Freiheit.«

Marianne nickte.

»Mehr als Freiheit: Heimat«, sagte sie unwillkürlich.

Hugo Lanz sah sie fragend und wie erwartend an. Ihre Art und Weise nahm ihn leise gefangen.

»Ich meine«, versuchte Marianne zu erklären, »niemand braucht so sehr als er breitesten Spielraum, weil alle seine Bewegungen unberechenbarer, unbezwingbarer sind, als die irgendwelcher andern Entwicklung. Aber in seiner angebornen Sensitivität, in seiner fast hilflosen Eindrucksfähigkeit hat er zugleich, wie niemand anders, Furcht vor der Fremde. Seine Freiheit mag sich noch so breit strecken wollen, aber an den äußersten Grenzen seiner Freiheit, da muss er Heimat um sich fühlen, – eine Welt, der er vertraut.«

Aus dem Klang ihrer Stimme vibrierte etwas, als wenn sie jedes ihrer Worte aus tiefen, warmen Glückserfahrungen hebe. Weniger in den Worten selbst, als in diesem Stimmklang lag etwas Suggestives, was Hugo Lanz ergriff.

»Das ist so nur in einem Paradies!«, rief er. »In Wirklichkeit gibt es das nicht«, setzte er traurig hinzu.

Marianne widersprach nicht.

Sie schwieg, doch ihre Augen widersprachen. Sie leuchteten in so ruhigem Glanz und wendeten sich unwillkürlich dem verschlossnen Rahmen auf dem Schreibtisch zu.

Da vernahm man von der Tür her Gelächter.

Die Mädchen kehrten zurück, jede mit einer vollgefüllten Tasse in der Hand. Den Blick starr auf ihre Tassen geheftet, deren Inhalt überzuschlagen drohte, näherten sie sich langsam und feierlich dem Schreibtisch, neben dem die Mutter auf ihrem gewohnten Lieblingsstuhle saß.

»Tee schmeckt bei Weitem schöner und regt an, hat Ma stets gesagt«, behauptete Sophie.

»Kakao ist ihr bei Weitem gesunder, hat Doktor Tomasow stets gesagt«, behauptete Cita, »und zwischen dem Schönen und dem Guten, Nützlichen, wirst du doch nicht lange zaudern, Ma! Bedenke auch, welche schlechte Einwirkung ein böses Beispiel auf uns haben, könnte.«

»O du überredest, das ist gegen alle Abmachung!«, rief Sophie voll Unwillen.

»Ein Jurist überredet nie genügend, Sophie! – Also: Erst jedenfalls das Schöne, – und dann auch noch das Gute, Nützliche«, entschied die Mutter sofort und zog lachend alle beiden Tassen zu sich heran.

Cita hockte sich auf die Seitenlehne ihres Lutherstuhles.

»Du unmoralische Mutter!«, sagte sie.

Hugo Lanz hatte sich beim Eintritt der Mädchen erhoben. Er sah ganz zerstreut aus. Ihm erschienen mit einem Mal alle beide doch noch recht kindisch, ohne dass er ahnte, wie außerordentlich damit sein Urteil in der Richtung fehlging.

Wohl empfand er den heitern Reiz der kleinen harmlosen Familienszene, aber ihm schien, dass alles Intime dieses Reizes doch ganz und gar nur von dieser köstlichen Frau mit der jungen Stimme und den mütterlichen Augen ausginge.

»Wollen Sie wirklich schon gehn?«, fragte Marianne freundlich, als er sich jetzt ehrerbietig von ihr verabschiedete. »Nun, ich danke Ihnen noch für die überbrachte Einladung. Und seien Sie uns hier zwanglos willkommen, falls einmal Weg und Stimmung Sie bei uns vorüberführen.«

»Ja, gnädige Frau, wenn ich das dürfte, – dann danke ich Ihnen von ganzem Herzen dafür, aber –« er stockte, »– dann lassen Sie mich nicht als einen Fremden kommen und gehn, denn das – das würde ich nach diesem kurzen Gespräch schon nicht mehr ertragen«, fügte er leiser, sehr rasch und, im sichtlichen Kampf gegen seine eigne Schüchternheit, fast heftig hinzu.

Die Bitte, wiederkommen zu dürfen, hatte er vor einer Stunde erst der Töchter wegen an sie richten wollen –.

Marianne gab keinen Bescheid in Worten, aber er empfand ihr ganzes Wesen als eine Antwort. Mit Bestimmtheit fühlte er, dass er von heute an hier nur noch einkehren würde, wie man bei einer Mutter einkehrt, und nur allein ihretwegen.

Als er sich beim Abschied über ihre Hand beugte, gab ihm Marianne unwillkürlich jenen Stirnkuss, auf den nach russischer Haussitte der Gast Anspruch hat. Und als er sein Gesicht erhob, lag eine so dankbare Kindlichkeit auf seinen jungen Zügen, dass sie Marianne rührte.

Sobald sich die Zimmertür hinter ihm geschlossen hatte, bemerkte Cita mit einem Lächeln: »*Der* sah dich ja aber mal eben kurios an, Ma. Weißt du, wie? Ungefähr so, wie wenn's ihm schlecht ginge, und er dir gleich den Kopf in den Schoß wühlen möchte, um dir zu beichten und von dir getröstet zu werden.«

Sophie musste lachen.

Cita fuhr, nicht ganz frei von Spott, fort: »Ja, sind Männer nicht eigentlich höchst wunderliche Pflanzen? So etwas Unmännliches sind sie, scheint mir. Es klingt gewiss dumm, aber sag selbst, Ma! Könntest du dir leicht vorstellen, dass ich irgendjemand so – so hilfsbedürftig ansähe? Nein, im Gegenteil: Kerzengrade würd ich mich grade dann recken. – Alles andre ist eben Schwäche.«

Marianne lächelte fein.

»Nicht notwendig Schwäche. – Schwere Ähren stehn auch nicht kerzengrade«, sagte sie.

Aber in ihrem Innern empfand sie bei Citas Worten einen heimlichen Stich. Cita, ihr tüchtiges, kernfestes Mädchen! Sie konnte ihr vertrauen und mit ihr reden über alle Sorgen und Nöte, fast wie mit einem klugen Freunde, ja fast wie mit einem Mann –.

Ja, das alles konnte sie. Aber – den Kopf noch einmal anschmiegungsbedürftig in Mas Schoß wühlen, das würde Cita doch wohl nie mehr –.

Sophie hatte sich ans Fenster gestellt. Sie sah Hugo Lanz, der aus dem Hause herausgetreten war, unten über den Fahrdamm gehn. Er sah schlank und fein aus in der dunklen Pelzmütze und trotz des Pelzes, der alle Konturen vermischte. Eigentlich gefiel er ihr doch sehr gut, viel besser, als sie es Citas Spottlust einzugestehn wagte.

Jetzt äußerte sie aber doch:

»Du, – den mag ich trotzdem gern. Warum soll er auch Ma nicht angucken, wie er will? – Ich habe mich mit ihm schon prachtvoll unterhalten, neulich in der Gesellschaft, ehe du hier warst, Cita. Ich erzählte ihm von den höhern Mädchenkursen, und dann, dass mich die Naturwissenschaften so sehr interessieren, – dass ich aber noch weit lieber ein Arzt würde, – grade wie Doktor Tomasow.«

»Aber das alles sind ja dem jungen Dichter völlig gleichgültige Beschäftigungen, Sophie«, meinte Cita und trug die Tassen der Mutter hinaus.

»Die Beschäftigungen an sich: ja!«, gab Sophie kleinlaut zu und schaute noch immer angestrengt einem dunklen Punkt in weiter Entfernung – einer Pelzmütze – nach, obschon sie nicht mehr ganz sicher war, ob es nicht längst eine andre Mütze auf dem Kopfe eines andern sei. »Aber«, fuhr sie eifrig fort, »auf die Art der Beschäftigung kommt es auch nicht an, sondern darauf, dass er *auch* hinausstrebt, – fort, hinaus! Mit dem einzigen Unterschied, dass er das infolge von Gedichten tut. Das schadet aber doch nichts. Die Hauptsache haben wir doch gemeinsam. Auch ihm ist eng, auch er hat allerlei Träume, die er kaum zu Hause zu nennen wagt, – auch seine Pläne lassen sich nun einmal nicht zu Hause verwirklichen. Und seine Familie, – die hält ihn. Wie sollten wir da nicht sympathisieren?! Wie sehr kann ich ihm doch das alles nachfüh–.«

Sie stockte jäh.

Die Nase an die Scheibe gedrückt, hatte sie ganz vergessen, wo sie sich eigentlich befand. Ihr ward plötzlich erst bewusst, was sie da sagte.

Cita konnte es überhaupt nicht mehr hören, die war ja eben mit den beiden Tassen hinausgegangen.

Aber da, im Luthersessel vor dem Schreibtisch, mit dem Gesicht grade zum Fenster, da saß, Sophie im Rücken, ganz schweigsam – Ma –

Einen Augenblick lang, einen Augenblick nur, war ihr Ma wirklich ganz und gar aus dem Gedächtnis entschwunden gewesen.

Wohl eine volle Minute stand Sophie wie erstarrt. Sie bekam ein Gefühl, als wär es noch besser, sich mit ihrer kleinen Nase ganz durch das Fensterglas durchzubohren, um nie, nie wieder die Augen zurückwenden zu müssen.

Ihr Herz schlug heftig, sprunghaft, die Lippen wurden ihr trocken. »Arme, süße, liebe Ma!«, dachte sie außer sich, voller Wut.

Plötzlich drehte sich Sophie gewaltsam um, zu ihrem eignen Schreck. Sie sah das Zimmer vor sich wie im Nebel. Sie lief auf die Mutter zu, fiel vor ihr auf die Knie und umhalste sie wortlos, stürmisch.

»Ach Ma, – dummes Zeug – solch dummes, – ich benutzte unwillkürlich seine Worte, – weißt du: einfach seine Worte – sie passen ja auch einzig und allein für ihn, alle, alle diese Worte!«, stammelte sie endlich, ganz in Tränen, und dann lachte sie fast ein wenig, verlegen und sonderbar.

Marianne herzte sie ganz leise.

»Aber – du wildes Mädchen, – wie kann man sich dermaßen erregen! Viel zu leicht erregt bist du, weißt du das? Du musst dich besser zusammennehmen. – Komm, sei nun wieder ruhig und mein liebes altes heitres Kind, – ja?«

Sophie hob den Kopf. Bei diesen sanften Worten verflog langsam ihr Schreck, sänftigte sich auch ihre Reue. – Vielleicht hatte Ma gar nicht so genau hingehört vorhin –.

Marianne strich ihr liebreich über das schimmernde blonde Haar. Ihre Augen aber schauten großgeöffnet über ihr Kind hinweg.

Dann stand sie auf.

»Man braucht nur ein wenig wieder ›daheim‹ zu sein, um gleich wieder zu vergessen, dass es auch noch ein ›Draußen‹ mit allerlei Pflichten gibt, – ich muss ja fort«, sagte sie zu Cita, die eben eintrat und einen heimlich verwunderten Blick auf das tränenfeuchte, gerötete Gesicht der Schwester warf.

»Ach, musst du schon gehn, Ma? Ist es nicht zu früh?« Cita holte schnell den Pelz und die Überschuhe vom Vorflur herein. »Komm, ich helfe dir! Du wirst wohl von Tante Ottilie später nach Hause kommen, als wir.«

»Wohl nur wenig später«, meinte Marianne, »und ihr wisst: Wer zuerst kommt, geht schlafen, ohne zu warten, – nach unsrer alten Verabredung.«

»Es ist aber wirklich noch viel zu früh, deine Stunde fängt viel später an«, murmelte Sophie, die der Schwester Mas Überschuhe hastig aus der Hand gezogen hatte. Sie kniete mit ihnen zu Füßen der Mutter, um sie ihr anzuziehen.

Marianne ließ es schweigend geschehen.

»Lebt wohl, ihr Kinder, und vergnügt euch so gut wie möglich! Der Himmel ist jetzt klar, und ich denke, ihr bekommt herrlichen Sternenschein zu eurer Ausfahrt.«

Sie sagte es einfach und harmlos. Aber die Art, wie sie beide noch einmal küsste, war voll unterdrückter Leidenschaftlichkeit. Rasch ging sie fort.

Die reine kalte Winterluft draußen tat ihr wohl. Ihr war das Herz plötzlich so schwer geworden, so bange und schwer.

Einen Augenblick lang, vorhin, fühlte sie deutlich, – so deutlich wie in einer grellen höhnischen Beleuchtung, die sie blendete und verwirrte, – ihre beiden Kinder fern von sich: die eine lebenssicher, im Grunde fertig, nur noch ein Gast im Mutterheim, und die andre – ja, die andre sich sehnend, – sich von ihr hinwegsehnend.

Es war in der Tat noch nicht die Zeit für die beiden Privatstunden, die sie, ganz in der Nähe von Ottiliens Wohnung, in einem reichen Kaufmannshause zu geben hatte. Es hatte sie nur nicht länger gelitten, mit ihrer wehen Angst, unter den Augen der Kinder.

Marianne ging einige Straßen weit in der Richtung auf ihr Ziel, dann blieb sie unterwegs vor einem Stift für arme Frauen stehn. Von zwei kleinern Nebenbauten flankiert, lag es lang und flach hinter einem grün angestrichenen hölzernen Zaun.

Noch ehe sie sich überlegt hatte, ob sie eintreten wolle, war sie bereits aus einem Fenster des Erdgeschosses von derjenigen bemerkt worden, der ihr Besuch galt.

Kaum stand sie im steingepflasterten Flur, der die ganze Mitte des Hauses durchschnitt, als sich auch schon eine der vielen Zimmertüren zu seinen beiden Seiten öffnete, und die ihr wohlbekannte energische Stimme auf Russisch erfreut herausrief: »Willkommen! Willkommen! Frau Marinka!«

Aus dem Hintergrunde des Flurs, wo dieser in ziemlich dunkle Küchenräume zu münden schien, quoll starker Dampf und Speisegeruch. Eine dralle Magd, mit aufgekrempelten Ärmeln und in Bastschuhen, schlürfte vorüber.

Aber im Zimmer selbst, das Marianne betrat, war es, trotz seiner rohen grellbunten Tapete und den ungestrichenen Dielen, nicht unbehaglich. Wer hier eigne Möbel um sich aufstellen konnte, entbehrte nicht ganz eines gewissen Komforts.

Aus einem Sessel am Fenster hatte sich eine große, starkknochige Sechzigerin erhoben und ging Marianne belebt entgegen, wobei sie sich auf einen Stock stützte.

»Nun, meine Liebe, das ist wirklich aufopfernd von Ihnen, – ich wäre Ihnen auch längst auf dem zugkalten Flur entgegengelaufen, aber, Sie wissen: die dumme Gicht! Und Doktor Tomasows Verbot! – Setzen Sie sich, meine Einzige; was kann ich Ihnen anbieten: Tee, Obst, Schokolade, Konfekt oder etwa kaltes Rebhuhn?«, fragte sie, in rascher, lebhafter Rede, mit der Miene einer Schlossfrau, die bewirtet; zugleich hob sie den Krückstock und deutete damit auf die verschiedenen Stellen im Zimmer, wo die angebotenen Herrlichkeiten ihren Platz gefunden hatten.

Marianne musste lächeln, sie sah um sich. Ja, da standen in der Tat allerlei Leckereien, – die guten Bekannten hatten sie gebracht.

»Ach, Wera Petrowna, das ist ganz gut, aber dass Sie hier wohnen müssen! Sie sollten es jetzt besser haben: Hat Tomasow Ihnen von der neuen billigen Pension erzählt?«

Wera Petrowna lachte voll Nichtachtung und zeigte dabei ihre starken, gelblichen, wohlerhaltenen Zähne.

»Torheit, meine Liebe, Torheit!«, sagte sie und zog Marianne neben sich auf das große, mit verblichener geblümter Wolle überzogene Sofa. »Von meinem winzigen Gelde kann ich auch in der billigsten Pension nicht leben. Armenstift, – das ist Vorurteil. – Und Konfekt und Rebhuhn, das ist ja recht schön, aber wenn meine Verwandten glauben, dass sie mich dadurch ködern und willfährig machen können, – dass ich deshalb bei ihnen irgendwie als gute Tante unterkriechen würde! – Ich esse einfach die guten Sachen, und komme doch nicht.«

Die Alte wusste ganz gut, welch schmerzlicher Stein des Anstoßes ihren ansehnlichen Verwandten ihr »Schloss« war, wie sie das Armenasyl nannte.

Sie nahm bedächtig eine Prise.

»Kommen Sie nicht vielleicht morgen zu uns zum Frühstück?«, fragte Marianne. »Heute habe ich knapp Zeit, aber dann könnten wir von den Weihnachtseinkäufen plaudern. Ich weiß schon, dass Sie so gut sind, mir mancherlei Besorgungen abzunehmen, – ich komme ja erst dicht vor Torschluss dazu.«

Wera Petrowna nickte.

»Ja, so gut bin ich, – sehr gern, tu ich sehr gern. Sie wissen ja, wie für mein Leben gern ich in den schönen Läden herumflankiere. – Mit einigen blanken Rubeln oder ein paar Papierscheinchen lauter gute Dinge ansehen und bestellen, – nun, und die Verkäufer, die haben auch höllischen Respekt vor meinen scharfen Augen und müssen herzeigen, worauf ich mit dem Stock weise, – und sollten sie sich selbst beim Hinundherklettern den Hals verrenken.«

»Aber reinen Mund vor den Kindern!«, warnte Marianne.

»Natürlich. Freue mich recht, morgen die beiden wiederzusehen. Sah die Cita ja lange nicht. Und sie sind beide so recht hübsch zum Ansehen, – nun, auch zum Sprechen gut, wirklich sehr gut. Schade, zu denken, dass so was bald weggeheiratet wird. Schade, schade.«

»Ganz so pessimistisch urteile ich darüber nicht, ein solches Fortgehn ist nicht das schlimmste Fortgehn«, sagte Marianne leise.

»Nun, ist vielleicht auch wahr. Wenn ich so denke, wie es mir erging. Verschlagen ins ärgste Gutsleben in entlegenster russischer Provinz – vom ersten Tage der Ehe an. Und hineingekommen mitten aus der feinsten städtischen Erziehung, – ja, alles, was wahr ist: mitten aus den feinsten Pensionaten und voll von allerlei Bildungsbedürfnissen. Und trotzdem – was meinen Sie wohl? – trotzdem hab ich doch diesen Menschen bis an seinen Tod angebetet, diesen prachtvollen Jungen, meinen Mann! Konnte er etwa mehr als Gutsarbeit, Trinken, Spielen –? Nein, keine Spur! Und brutal war er auch, wenn er nicht grade zärtlich war. Was tat mir das alles? Tottreten hätt er mich dürfen! – Nun ja, Leidenschaft ist blind und taub, das weiß man ja, – und mitunter ist sie auch unglaublich dauerhaft dabei, – das muss wahr sein. – Die längste Zeit des Lebens ist man einfach verrückt.«

Es klang fast zynisch. Marianne kannte diesen Ton. Aber auch das kannte sie: dass Wera Petrowna dasaß und durch ihr lebhaftes Erzählen von irgendetwas Marianne von der Unterhaltung enthob, weil sie merkte, wie wenig Marianne, ihrer lieben »Marinka«, nach Unterhaltung zumute sei. Und was merkte sie nicht? Gewiss schon bei den ersten Begrüßungsworten hatten diese hellgrauen fast ironisch blickenden Augen alles, was sie wollten, gesehen.

Wera Petrowna griff nach einem frisch angebrochenen Zigarettenkästchen und machte Feuer.

»Geschenk von meinem Neffen!«, bemerkte sie kurz. »Und Sie rauchen noch immer nicht? – Wird auch noch kommen, meine Einzige, wird auch noch kommen. Wissen Sie überhaupt: Alle wahren Genüsse kommen im Alter, – und so weit sind Sie eben noch immer nicht, Sie Ärmste. – Da hat man nämlich erst die Ruhe dazu, – ich meine: so die inwendige Ruhe. Man hat kälteres Blut. Taxiert die Dinge anders. Nimmt nicht alles so wahnsinnig persönlich, woraus ja doch allein alle schrecklichen Schmerzen kommen. – Nun, ich will Ihnen übrigens alle diese spannenden Vorteile nicht vorweg erzählen, Sie erleben sie ja auch noch. – Es ist wirklich zu schön, sagte der Bauer, und da ließ er sich zur Ader, so lange, bis er starb –.«

Sie lachte auf und rauchte wie ein Schornstein.

Marianne sah nach der Uhr.

»Jetzt muss ich zur Stunde«, sagte sie bedauernd, »also auf morgen. Wie gut und ruhig sitzt es sich bei Ihnen, man ruht aus.«

»Ja, mein Täubchen, wollten Sie nur noch bleiben, – ich würde gern das Maul halten; übrigens, ich begleite Sie, wenn Sie erlauben. Fahre mit der Pferdebahn von der Ecke an in der Richtung der Schmiedebrücke. Ich habe, weiß Gott, hier nichts zu tun. – Für gestern Abend bekam ich richtig noch ein überzähliges Theaterbillett zugesteckt. Ein Lotterleben führt die Alte, was?«

Sie erhob sich schwerfällig und streichelte Marianne liebkosend die Wange.

»Ein Leben, um dessen Frische und Elastizität der Jüngste Sie beneiden muss«, versetzte Marianne, »wer von uns würd es an Ihrer Stelle wohl ohne Trübsal aushalten – bei diesem Mangel an dem Ihnen gewohnten Behagen und Überfluss?«

Wera Petrowna hatte ihre Haube von dem ganz dünnen grauen Haar heruntergenommen und band sich umständlich einen wattierten Kapottehut, mit Ohrenklappen für den Wind, auf dem Kopf fest.

»Behagen? Da hust ich drauf!«, antwortete sie derb, und es wetterleuchtete von Spott über ihren scharf geschnittenen Zügen. »Was schert mich denn das bisschen Behagen? Eiderdaunen und Tischporzellan, fette Braten und Dienerschaft rechts und links, bis man sich nicht mehr rührt noch regt, sondern irgendwo einschläft. Mit all dem Behagen haben wir uns da hinten auf dem Gut gestopft, wie Mastgänse. Das Behagen quoll uns direkt zum Halse heraus. Aber das Leben stand mir still, – all mein Leben, bis auf das eine verliebter Leute. Nun bin ich als Mastgans alt geworden, aber vom Leben will ich noch schnell was mitnehmen, soviel eben eine alte Gans noch begreift.«

Sie ließ sich von Marianne in ihren Pelz helfen, versorgte sich reichlich mit Zigaretten und klapperte mit ihrem Stock auf den steinernen Flur hinaus.

Sie gingen nur ein kleines Stück gemeinsam, bis zu der Pferdebahn.

»Sehen Sie, da kommt sie schon!«, sagte Wera Petrowna mit innigem Vergnügen und wies mit ihrem Stock auf den herannahenden Straßenbahnwagen: »Und nun geht es für bloße fünf Kopeken mitten hinein in die Wagen und Menschen, Schauläden und Ausstellungen – und sogar in die Unglücksfälle – meinetwegen, wenn das Genick doch schon gebrochen sein muss.«

Marianne blieb lächelnd stehn, bis sie die Alte im Inneren des Wagens gut platziert sah, dann schritt sie schneller aus, zu ihrer Privatstunde.

Die Eindrücke des heutigen Nachmittags zu Hause traten dabei langsam in den Hintergrund, und die Notwendigkeit, alles zurückzudrängen, was sie nicht in ihren Beruf mitbringen durfte, erwies sich, wie so oft, heilsam befreiend für ihre Stimmung. Als sie vom Unterricht zu ihrer Schwester ging, hatte ihre Grundnatur, getrost und tapfer, bereits wieder den Sieg über die Traurigkeit gewonnen.

Es war schon halb neun Uhr. Sie kam bei Ottilie grade noch zum Abendtee zurecht. Neben dem Tisch im Esszimmer dampfte schon der silberne Samowar auf seinem Gestell, die Teegläser standen bereit und dazwischen flache Schüsseln mit eingekochten Früchten und mit winzigen belegten Brotschnittchen, – jedes grade ein Mundvoll groß, fast so zierlich wie Konfekt hergerichtet.

»Aber seid ihr etwa nicht allein heute?«, fragte Marianne beunruhigt, als sie diese kunstvollen Zutaten zum Abendtee wahrnahm und die hübschen gestickten Tellerservietten, – Ottiliens eigne mühsame Handarbeit.

»So gut wie allein«, versetzte ihr Schwager, der sie empfangen und hereingeführt hatte, »Ottilie sitzt nur noch drinnen mit einem Fräulein – eine ausländische Konzertsängerin, glaub ich –. Jedenfalls schwärmt Tilie für das Fräulein Clarissa.«

Er machte bei seinen Worten ein gutmütiges, behagliches Gesicht. Ihm gefiel, wenn schon nicht die Konzertsängerin, so doch der um ihretwillen so schön bestellte Teetisch sehr gut.

Über die Schüssel mit den zierlichen Brotscheibchen gebeugt, steckte er eins davon, mit geräuchertem zartrotem Lachs belegt, in den Mund.

Gerade wollte er Marianne auffordern, sich der gleichen Beschäftigung hinzugeben, als seine Frau mit dem fremden Fräulein bereits eintrat.

Nun wurde nach den Kindern gerufen, man nahm geräuschvoll Platz und tauschte die üblichen Redensarten. Inotschka, die dreizehnjährige Tochter, erschien schüchtern an der Tür, sie machte vor der Fremden ihren eingelernten Knicks mit einer Befangenheit, die sie linkisch aussehen ließ und die schlanke Grazie ihrer feinen Bewegungen ganz verwischte.

Rot bis an den lichtbraunen Haarschopf über ihrer Stirn, setzte sie sich in ängstlicher Haltung neben ihre Mutter, deren Stirnrunzeln sie schon bemerkt hatte. Aber dabei flog ihr Blick mit einem Aufleuchten zu Marianne hinüber, die von ihr in all der Verlegenheit nicht einmal begrüßt worden war. Dafür grüßten sie ihre Augen nun fortwährend und brachten dadurch ihr Teeglas in Gefahr, von den unachtsamen schmalen, rötlichen Händen umgestoßen zu werden.

Nikolai, der älteste Sohn, ein großer Junge in der kleidsamen Gymnasiastenuniform, saß neben Marianne, mit der er sich ebenfalls besonders gut stand. An seinen freien Montagnachmittagen war er ihr Schüler, da trieben sie auf Wunsch des Vaters englische und französische Konversationsstudien, und bei diesen Gelegenheiten hatte er mit vielen grammatikalischen Fehlern Marianne mehr von seinen vierzehnjährigen Wünschen und Nöten anvertraut, als je auf gut russisch seinen eignen Eltern. Heute klagte er Marianne heimlich, mit ausdrucksvollen Andeutungen, sein Leid über diesen unerwarteten Damenbesuch; er wollte zu bestimmter Stunde einen Kameraden treffen, und nun konnte »die Geschichte schrecklich lange dauern hier bei Tisch«.

Seine beiden kleinen Brüder schauten hinter ihren breiten Milchtassen nur ganz verstohlen auf den fremden Gast in dem für einen simpeln Familientee etwas zu prächtig geratenen Gesellschaftsanzug. Sie waren beide beängstigend artig, – so artig, wie, nach Mariannens in diesem Punkt ziemlich trüben Lebenserfahrungen, lebhafte Kinder nur dann sind, wenn sich bald darauf etwas Fürchterliches ereignet.

Aber diese Kleinen hier regierte auch bei Tisch der wachsame Blick ihrer Mutter mit unmerklicher Strenge. Der Jüngste, Mariannens Liebling, war schon zu Bett.

Ottilie verstand es musterhaft, in sich stets gleichbleibender Liebenswürdigkeit sowohl für die Unterhaltung wie für das Betragen der Kinder zu sorgen. Und während sie emsig ihrem Mann den Tee auf seine ganz spezielle Weise mit Fruchtgelee anrührte, blieb sie doch ganz Ohr und fiel bei jeder heitern Äußerung ihres Gastes mit einem kleinen hellen, klingenden Lachen ein.

»Sie ist darin einfach bewunderungswürdig!«, dachte Marianne aufrichtig, die inzwischen ganz still geworden war. Sie hatte genug damit zu tun, gegen ihre Abspannung anzukämpfen, von der sie an solchen Tagen, beim ersten Nachlassen von Pflicht oder Freude, überfallen werden konnte.

Hin und wieder verschwammen ihr die Worte der andern in einem eintönigen Gesumm. Sie wusste sich sogar ganz gut imstande – zu ihrer eignen Beschämung –, auf diesem bequemen Stuhl mitten unter ihnen allen recht tief und süß einzunicken, um dann zu einer gegebenen Zeit frisch und heiter zu erwachen, von Neuem aller ihrer Kräfte Meister –.

Erschrocken bemühte sie sich, besser zuzuhören. Fräulein Clarissa schwärmte soeben von Österreich.

»Das ist ganz Wasser auf die Mühle meiner Frau!«, sagte der Schwager. »Die ist ganz versessen drauf, und nun gar Wien! – Hier ist nur das Diesseits, dort das schönere Jenseits: So etwa denkt sie sich's. Und die Praterfahrten, und die feschen Offiziere, – nicht wahr, Tilie?«

Er sprach mit gutmütigem Spott, Stockrusse, wie er durch und durch war, kaum je über die Landesgrenze gekommen, und vielleicht zu seiner eignen Verwunderung mit einer halben Nichtrussin verheiratet. Sein naiver Chauvinismus kam seiner Karriere als höherer Beamter sehr zustatten, war indessen intensiv ehrlich gemeint.

Ottilie erwiderte gar nichts. Doch hatten sich alle Züge ihres Gesichtes während seiner Worte verändert, strafften sich plötzlich, – es sah aus, wie wenn sie sich auf Eis legte. Die Teekanne zitterte leicht in ihrer Hand.

Nur Marianne bemerkte es. Ganz erstaunt sah sie die Schwester an. Ach so, – der fesche Offizier?! – Nein, das konnt es doch wohl nicht sein? Ein österreichisch-ungarischer schmucker Husar, Leichtfuß und nichtssagend, hatte Ottilie einst einen Heiratsantrag gemacht – in gänzlicher Verkennung der materiellen Verhältnisse. Eine belanglose Schwärmerei Ottiliens. Wie belanglos, das empfand Marianne damals doppelt deutlich gegenüber ihrem eignen Bündnis, das sie kurz zuvor eingegangen war.

Sie erinnerte sich noch ganz gut, wie heftig der zigeunerische Teint und die Husarentracht die Schwester bestachen. Und um wie viel älter sie sich selbst urplötzlich daneben vorkam. Um so viel älter wie erglühende inbrünstige Jugend neben den Gefühlswallungen der Backfischentwicklung.

Ottiliens Mann hatte die Bedeutung dieses ominösen Husaren offenbar rein vergessen. Ottilie hatte sie jedoch sonderbarerweise hinter ihrer ruhigen, liebenswürdigen Verschlossenheit ganz und gar nicht vergessen. Der Schwager schien nicht allzu viel Ahnung von den geheimen »Tiefen« in seiner Frau zu haben.

Nikolai rückte immer unruhiger auf seinem Stuhl herum und schielte nach der großen Wanduhr gegenüber. Er wagte aber nicht, aufzustehn. Der Blick seiner Mutter, der jetzt um eine Nuance schärfer und gereizter schien als vorher, mahnte ihn wiederholt daran, dass auch er einen, wenn auch nur bescheidenen Beitrag zur Unterhaltung zu liefern habe, weil es sich für seine Jahre schicke, die Umgangsformen zu üben.

Nikolai zermarterte sein Gehirn. Ihm kam eine entsetzliche Menge von Gedanken und Vorstellungen, aber sie waren alle so merkwürdig unpassend.

Schon war er nahe daran, bei Tante Marianne einen kleinen Gedanken zu borgen. Da fiel ihm grade noch etwas ein, und er sagte ganz verzweifelt, – viel zu laut mitten hinein ins Gespräch der übrigen: »In unsrer Schule ist ein Junge für immer abhanden gekommen.«

»Wie denn abhanden gekommen?«, fragte Marianne befremdet.

»Ja so, ganz abhanden. Er war dort Pensionär, lief fort und hinterließ einen Zettel, dass er sich töten wolle. Niemand weiß, wo und was. Seine Eltern leben in Südrussland. Man hat ihn noch nicht aufgefunden.«

Ein kleiner Alarm entstand am Teetisch. Nikolai war ganz stolz. Alle redeten durcheinander.

»Mein Himmel, dass du das auch nicht gleich erzählt hast!«, rief sein Vater.

Nikolai nahm sich das heimlich bereits für das nächste Mal vor, wenn wieder ein Junge abhanden kommen sollte. Er hatte gefürchtet, es sei im Hinblick auf einen Gast ein zu bescheidener Beitrag.

Ottilie seufzte. Sie sah streng und bitter aus.

»Das sind Zustände!«, bemerkte sie empört. »Ja, wenn schon die Kinder so anfangen! Dann ist es freilich nicht zu verwundern, wenn sie sich ohne alle Zucht und Sitte erst recht töten, nachdem man sie glücklich bis zum Erwachsensein durchgebracht hat. Was für ein Kind muss das gewesen sein, das so etwas Schändliches tut.«

»Und welch eine Behandlung, die so etwas ermöglicht!«, setzte Marianne im Stillen hinzu. Sie erschauerte. Konnte man sich wohl je genügend tief in eine Kinderseele hineindenken, die zu solchen Entschlüssen gelangt war? Vielleicht bezwungen vom Heimweh, – von irgendeiner unverstandenen Angst, – Angst vor dem ganzen Leben selbst vielleicht, – wer weiß es denn?

Und ihr wurde das Herz ganz weit und groß, als müsste sich's über eine Welt ausdehnen und alle Kinder darin umfassen, – mit solcher Wärme und Inbrunst umfassen, dass keins davon ausgeschlossen bliebe.

Ganz verträumt und zerstreut stellte sie sich vor, wie es wäre, wenn sie jetzt hingehn könnte und suchen und finden, und wie das ratlose Kind, anstatt in irgendeine letzte Dunkelheit, sich hinein verfangen würde in helfende, starke, mutterzärtliche Hände –.

Endlich erhob man sich.

Nikolai entfloh. Die kleinen Brüder machten ihre Runde mit einem schläfrigen, etwas schwankenden Kratzfuß und wünschten Gute Nacht. Im Nebenzimmer wurde der schöne Flügel geöffnet, und Fräulein Clarissa setzte sich davor, um ein Arie aus Figaros Hochzeit vorzutragen.

Marianne griff der Gesang an. Die Stimme, ein prachtvoller Alt, erwies sich als zu groß für das nicht sehr geräumige Zimmer. Ottilie ließ sich augenscheinlich nicht weiter davon anfechten, übrigens war sie auch nicht sonderlich musikalisch.

Der Schwager setzte sich zu Marianne. Er schob ihr ein bequemes Kissen in das Sofa, dessen Polsterlehne im Rücken unbequem einfiel, und warf seine Zigarette fort. Etwas so Sorgliches besaß er.

»Findest du nicht: Tilie sieht schön und vorteilhaft aus, sogar neben der viel Jüngern, – ihr seid eine dauerhafte Rasse, ihr beide!«, bemerkte er mit einem freudigen Blick auf seine Frau, die am Flügel stand.

»Ja. Ich bewunderte sie heute wiederholt«, gestand Marianne.

Er nickte eifrig.

»Einfach famos!« Und er versank in Gedanken über die Vorzüge seiner Frau, die er aufrichtig liebte.

Inotschka hatte sich hinter das Sofa geschlichen, gegen das sie sich lehnte, indem sie ihre Arme auf seiner Rückseite verschränkte, sodass sie Mariannes Haar berührten.

Marianne gab leise nach und legte den Kopf zurück an die magern zärtlichen Mädchenarme, von denen sie wusste, wie viel lieber sie sie herzhaft umhalsen würden.

Immer hatte sie an sich gehalten, wenn sie spürte, dass ihr Inotschkas Vertrauen entgegenflog, denn sie durfte sie nicht der Mutter wissentlich entfremden.

Dadurch wurde der Wortaustausch zwischen ihnen wunderlich einsilbig und karg. Doch beredter als Worte schlich sich eine feine leise Zärtlichkeit ergänzend in ihren Verkehr, kaum wahrnehmbar andern, kaum merklich ihnen selbst –.

Marianne dachte: »Wenn Inotschka erst älter und reifer ist, dann wird sie mir auch mehr zugehören dürfen. Über diese paar Jahre muss sie hinweg, wie so viele –.«

Und sie dachte dankbar daran, dass in diesem Alter nicht viele so ganz eins im Sinn und Sein mit der eignen Mutter sind, wie es Cita und Sophie mit ihr gewesen waren.

Darüber fiel ihr der heutige Nachmittag wieder ein –.

Aber sie wollte nicht wieder zaghaft werden: Diese Zeit der innigsten Zueinandergehörigkeit konnte nicht vorbei sein. Wusste doch sie am allerbesten, wie viel, wie unendlich viel sie ihren Kindern noch gar nicht gegeben, noch gar nicht mit ihnen geteilt hatte, weil sie auch jetzt noch zu jung und unerfahren waren, um alles zu empfangen. Voll Freude und Ungeduld ersehnte sie die Zukunft, wo ihnen einmal alles, ihr ganzer tiefster Lebensgewinn, zu eigen werden durfte. Wo sie einander ganz verstanden und durchdrangen, wie drei Freunde, – um miteinander eine unzertrennliche seelische Einheit zu bilden. Dann erst würden alle ihre Schmerzen und Erfahrungen, alle ihre Kämpfe und Siege kostbare Ernte tragen, – eine Ernte auf den Feldern ihrer Kinder –.

Marianne bekam Heimweh nach ihren beiden Mädchen, es trieb sie aus dem heißen Zimmer nach Haus.

Als sie endlich mit gutem Anstand fortgehn konnte, war es über dem Singen elf Uhr geworden.

Die Begleitung des Schwagers schlug Marianne aus. Sie schlich sich nur noch für einen Augenblick in die große Schlafstube, um das jüngste

Bübchen in seinem Gitterbett schlummern zu sehen, was sie nie zu tun unterließ.

Dann gab ihr Inotschka das Geleit bis auf die Treppe hinaus.

»Wann kommst du denn wieder zu uns, Tante Marianne?«, fragte sie ganz zum Schluss und lehnte sich über das Treppengeländer.

»Sehr bald, mein liebes Kind, – ich komme ja schon übermorgen wieder, zu Nikolais Konversationsstunde«, antwortete Marianne.

Inotschka schwieg eine Weile, aber als Marianne schon hinunterging, bemerkte sie zögernd: »Weißt du, – ich sticke Pantoffeln für Mama zu Weihnachten.«

»So? Bist du noch nicht mit den Weihnachtsarbeiten fertig?«, fragte Marianne.

»Nein, nicht ganz. Da dachte ich, – mit dem Pantoffel könnte ich mich gut in unsre Lernstube setzen, während du bei Nikolai bist –. Meinst du nicht auch?«

Marianne sah zu ihr hinauf.

»Gewiss, wenn Mama nichts dagegen hat? Aber du musst sie lieber erst fragen.«

Inotschka nickte schweigend.

»Gute Nacht, meine kleine Ina!«, rief Marianne ihr noch zu, während sie schon die letzte Treppe hinabstieg.

Indessen Inotschka antwortete noch nicht gleich, sie bückte sich nur tiefer über die Brüstung, und erst als sie nicht mehr wissen konnte, ob ihre Worte von unten her noch vernehmbar wären, rief sie zaghaft, mit gedämpfter Stimme, und ganz hastig hinunter: »Gute Nacht! Gute Nacht! Ich muss dir doch noch schnell sagen, dass ich dich ganz schrecklich lieb habe, und dass du mich fortnehmen sollst zu dir, und dass ich immer bei dir sein will und nirgends sonst. Und dass du mich nicht so stehn lassen sollst – nicht so allein –.«

Sie brach ab. Schon während der ersten Worte schloss der Portier unten geräuschvoll die Haustür auf, die dann mit einem mächtigen Knall zuklappte.

Im Treppenhause wurde es plötzlich so beängstigend still.

»Sie hat nichts gehört, – gar nichts hat sie gehört. Das ist mal gut. Unsinn, – wozu auch!«, sagte Inotschka wesentlich lauter als vorhin.

Aber obwohl sie es gut fand, dass Marianne nichts mehr vernommen hatte, verfinsterte sich ihr schmales Gesichtchen mit dem weichen Munde. Sie drückte die Zähne auf die Lippen und rieb sich mit blinzelnden Augen, um nicht loszuweinen, am Geländer, bis die Stimme der Mutter von drinnen in erstauntem Ton nach ihr rief.

3.

Seit zehn Uhr waren die jungen Mädchen von ihrer Schlittenfahrt im Sternschein zurück.

Cita saß schon eine Weile auf dem Rande ihres weißlackierten Eisenbettes und zog sich bedächtig die Strümpfe von den hübschen Füßen.

Sophie ging noch unausgekleidet umher, sie machte sich bei ihren Büchern zu schaffen, die sie auf ihrem Tisch am Fenster aufzustapeln pflegte, und etliche von ihnen trug sie ins Wohnzimmer auf den Schreibtisch der Mutter hinüber.

Dabei sprach sie kein Wort. Sie war schon den ganzen Abend gegen ihre Gewohnheit still gewesen und behielt auch jetzt die Miene einer düster Versonnenen.

Cita legte gähnend ihre Strümpfe auf den Stuhl am Bett.

»Schlittenfahren ist ganz schön«, entschied sie, »aber dies gesellige Vergnügtsein von Männlein und Weiblein, die nichts Besseres zu tun wissen, – wie bin ich froh, dass ich mich davon gründlich entwöhnt habe! Kindisch ist es einfach. Es gibt doch wahrhaftig ernstere Aufgaben in der Welt.«

»Meinetwegen kann es auch aufhören«, versetzte Sophie apathisch, mit einer bekümmerten kleinen Stimme, »und auch das Schlittenfahren, und überhaupt alles.«

Sie kam eben wieder aus dem Wohnzimmer zurück. Cita fragte gar nicht, was sie dort eigentlich treibe, sie wusste gar nicht, dass Sophie soeben ihre Studienbücher und Lieblingswerke auf Mas Schreibtisch aufgeschichtet hatte, wie man sündhafte Kostbarkeiten auf einen Scheiterhaufen trägt.

Sie wollte Ma so gern nach der heutigen Kränkung ihre rückhaltlose Ergebenheit beweisen. So gern ihr zeigen: »Siehst du, ich entsage allem, was mich von hier fort zu locken anfing! Schließe es für immer vor mir zu.«

Aber Cita brauchte das einstweilen noch nicht zu wissen. Denn Sophie fürchtete sich entsetzlich davor, ihr eignes Tun klar und endgültig aussprechen zu hören.

Sonst hätte sie es noch am liebsten heute Abend Hugo Lanz anvertraut. Ja, dem am ehesten! Sie meinte: Wenn er zum Beispiel, davon erschüttert, nun auch seinerseits alle ehrgeizigen Pläne fahren ließe, dann hätten sie gemeinsam trauern, sich gemeinsam trösten und ermannen können.

Er würde dann kein Dichter werden, sondern ein Kaufmann, und sie kein Arzt, sondern – sondern vielleicht irgendwann einmal die Frau eines Arztes, Dichters oder Kaufmanns in der Welt.

»Geh doch endlich schlafen!«, rief Cita in ihre schwermütigen Betrachtungen hinein. Sie selbst lag bereits im Bett, grade auf dem Rücken ausgestreckt, die Arme über dem Kopf verschränkt.

Sophie setzte sich zu ihr auf die Bettkante.

»Glaubst du, dass es glückliche Ehen gibt?«, fragte sie langsam und ernst.

Cita gähnte gleichmütig.

»Ja«, versetzte sie nach kurzer Überlegung, »aber entschieden nur unter den Frauen, die sich unsrer Frauenbewegung anschließen. Das ist sonnenklar: denn die setzen sich in den Stand, sich selbst zu versorgen, den Mann nicht zu brauchen. Also kann es die schlimmste Eheschließung überhaupt nicht mehr geben: Nämlich die wegen Geld und ohne Liebe. Dafür sind andre, schönere nun erst möglich, –«

»Zum Beispiel sogar ohne Geld und mit Liebe!«, fiel Sophie hoffnungsvoll ein. Wie schön war das eigentlich! Aber davon schloss sie sich auch aus, wenn sie nicht Arzt wurde, – kein selbstständiger, erwerbender Berufsmensch.

Cita sagte plötzlich leise: »An die ganze Heiraterei mag ich aber einstweilen weniger als je denken. – Weißt du, es hat etwas so Schreckliches: Man ist keines Menschen sicher, – jedem kann noch einfallen, das Verrückte zu tun und zu heiraten. – Stell dir zum Beispiel vor, dass unsre Ma –«

Sophie stellte es sich nicht vor. Sie schüttelte den Kopf und lachte.

»Schäm dich«, sagte sie kurz.

Cita richtete sich im Bett auf. Ihre dunklen Augen hefteten sich erregt und finster auf die Schwester.

»Nein, nein, glaube mir! Ich behaupte nur, dass so etwas möglich ist, – nichts weiter. Aber möglich ist es. Es ist möglich, es ist möglich.«

Der Ton, in dem sie es wiederholte, wurde immer härter und kälter. Nach einer Pause fuhr sie fort: »Und wer könnte auch was dagegen tun, dagegen sagen? Schließlich ist es doch das Recht eines jeden Menschen –. Auch Mas Recht also, – jawohl, unsrer Ma auch, die bis jetzt so ganz ausschließlich uns gehörte, – ganz allein *unsre* Ma war, an die niemand sonst den geringsten Anspruch machen darf. Niemand, niemand –«

»Nein, niemand!«, bestätigte Sophie gedehnt. »Niemand außer uns –«

»Es ist aber ihr gutes Recht! Vergiss nicht: ihr gutes Recht!«, fiel Cita nachdrücklich ein. »Von uns ist es ganz unberechtigt, so zu sprechen. Ja, vollständig. Mama kann jeden Tag heiraten, wenn sie will, – und überhaupt tun und lassen, was sie will –«

Sie brach ab. Ihre Stimme vibrierte von verhaltener Erregung.

Sophie stand auf und küsste die Schwester flüchtig auf die Stirn.

»Gute Nacht. Schlaf lieber. Du bist einfach verrückt geworden. Ich glaube, du träumst schon!«, erklärte sie. »Ebenso gut könnte ich mir vorstellen, dass Ma überhaupt gar kein Mensch, sondern ein Walfisch ist.«

Mit diesem Bescheid kehrte sie ins Wohnzimmer zurück und setzte sich an den Schreibtisch vor die aufgeopferten Bücher. Oben drauf hatte sie das Mikroskop gestellt, das sie erst vorigen Weihnachten zum Geschenk erhalten hatte. Nun war es eine ganze Pyramide von Sachen.

Eigentlich wollte sie Ma hier erwarten. Es sollte keine Nacht drüber hingehn und sie wankend machen und auf andre Gedanken bringen –.

Seltsamerweise fiel ihr wieder Hugo Lanz ein. Ja, wer weiß: Indem sie dem erwählten Beruf entsagte, entsagte sie vielleicht sogar einer jener allein glücklichen Eheschließungen, die Cita noch gelten ließ. – Denn Hugo Lanz besaß kein Geld –.

Also war es wirklich ein Totalverzicht. Ein Opfer der Kindesliebe, wie es nicht bald ein zweites gab.

Sophie saß beim Schreibtisch mit gefalteten Händen und den gemischten Gefühlen einer über ihre eigne Größe fast bis zur Verlegenheit erstaunten Märtyrerin.

Cita hatte inzwischen ihren Rat befolgt und war in gesunder Müdigkeit nach der langen Fahrt durch die Winterkälte fest eingeschlafen. Aber sie lag da mit finster zusammengerückten Augenbrauen und einem bösen Ausdruck um den Mund.

Die zurückgedrängte Bitterkeit in ihrem Herzen hatte noch ihre Schrift auf ihr Gesicht geschrieben. Ihr letzter klarer Gedanke war das Gelübde gewesen, mehr als je ganz allein auf sich selbst stehn zu wollen.

Doch als sie in das Land der Träume hinüberglitt, senkte sich dichter und dichter eine große Finsternis um sie. Sie schaute vergebens nach den Dingen aus, die ihr vertraut gewesen waren, nach den Stätten, an denen sie sich heimisch fühlte. Eine schwarze Wand wehrte ihr Durchgang und Ausblick.

Und da überfiel sie Angst, wie sie nur als kleines Kind Angst gekannt hatte.

Beide Hände legte sie vor die Augen, um wenigstens das Dunkel nicht zu sehen. Doch was sie nicht sah, das fühlte sie: Wie alle Gegenstände und alle Fernen über sie her kamen, wie sie sich zusammenrotteten und ballten, um sie zu ersticken –

Da entrang sich ihr in dumpfem Entsetzen Mas Name. Mit leiser, furchtsamer Stimme rief sie nach Ma. War denn nicht auch Ma irgendwo unter all dem da draußen, was sie umdrohte und gefährdete? Dann würde sie alles entwirren, alles Böse abhalten –.

Aber Ma war nicht da.

Und plötzlich wusste sie, dass Ma nicht mehr da war, – das allein, nur das war die Finsternis ringsum –.

Gegen Mitternacht fuhr ein Schlitten vor.

Marianne stieg die Treppe hinauf und öffnete so geräuschlos wie möglich die Tür zur Wohnung.

Alles blieb still. Also schliefen die Kinder bereits. So ging sie leise hinüber in ihr nach dem Hofe gelegenes Schlafzimmer neben Sophiens und Citas Stübchen.

Hier hatten zärtliche Hände schon für alles gesorgt. Die Lampe angezündet, die warmen Vorhänge vor dem Fenster zugezogen, jedes Ding bequem bereit gestellt, von der Wasserkaraffe auf dem niedrigen Tischchen bis zu den tiefroten, kleinen Tuchpantoffeln vor dem aufgeschlagenen weißen Bett.

Neben der Karaffe stand am Bett ein schmales Kelchglas mit einer Handvoll italienischer Anemonen darin, – blassrote, violette, gelbe –, – ein wenig angewelkt noch von dem Weg hierher.

Die Blumen mussten die Mädchen heute Abend bei den Bekannten geschenkt bekommen haben. Und sie wussten, warum die Mutter diese Erinnerungen an Italien und seine Sonne so leidenschaftlich liebte –.

Marianne hob die angewelkten Stängel behutsam einzeln aus dem Wasser und beschnitt sie unten etwas, damit sie besser saugen möchten. Dann ordnete sie sie neu, mit Bewegungen, die sie fast liebkosten.

Die feine kleine Freude machte sie warm und wach. Ach, dass die beiden schon schliefen, die Langschläfer! Jetzt hätte sie sich gern noch auf einen Augenblick an ihre Betten gesetzt und sie geherzt.

Ihr war so kindfroh und bewegt zumut.

Als sie das Licht angezündet hatte und die Lampe herausstellen und auslöschen wollte, bemerkte sie einen hellen Schein in der Türritze des Wohnzimmers.

Hatten sie die grüne Studierlampe brennen lassen? War doch noch eine von ihnen wach?

Sie glitt in die Tuchpantöffelchen und ging leise über den Gang zurück. Die Tür war nur angelehnt, sie stieß sie auf, um einzutreten.

Aber jählings hielt sie inne. Sie sah Sophie am Schreibtisch sitzen, die Arme auf den Büchern verschränkt, den Kopf mit den halb offen niederhängenden Flechten darauf, – fest schlummernd.

Sie sah die Bücher, das Mikroskop, – und das Gesicht sah sie, das ihr im Profil zugekehrt lag, hell bestrahlt vom Schein der Lampe.

Es war nass von Tränen. Die Mundwinkel wie im Weinen herabgezogen, die Augenbrauen so rührend im Ausdruck, so hilflos –. Ein so bekümmertes, schmerzliches, – ein fast gramvolles kleines Gesicht!

Ja, hier musste Sophie auf die Mutter gewartet haben, aus irgendeinem Grunde. Gewartet mitsamt allen ihren Büchern, die sie hier aufeinander getragen hatte. Vielleicht um etwas zu erbitten? Vielleicht um zu sagen: »Sieh doch, wie lieb mir das alles geworden ist, wie gern ich frei sein möchte und mich dem widmen!«

Vielleicht auch, um etwas abzubitten. Um zu sagen: »Nimm es alles fort von mir, ich gebe dir's zurück, denn es weckt in mir die Sehnsucht, von dir hinwegzugehn.«

Und nun war sie unter Tränen hier eingeschlafen, wie ein müdes Kind, und nur dies traurige, kleine Gesicht erzählte der Mutter von ihren Nöten –.

Marianne stand noch in der halboffenen Tür, den Kopf gegen den Türrahmen zurückgelehnt. Ihre Hände hingen schlaff an ihr herunter.

Was half es, dass sie fortgewesen, dass sie getroster und freudiger heimgekehrt war. Zu Hause trat es ihr wieder entgegen, das Gefürchtete, – wie ein Gespenst.

Und mit diesem Gespenst trat ihr die liebste Gestalt entgegen, sie, von der sie es nicht ertrug.

Konnte die Mutter denn gewähren, was ihr Liebling von ihr heischte? Konnte sie denn wirklich auch die letzte fortlassen? Ganz, ganz allein nachbleiben? Musste das sein?

»Nein! Nein!«, schrie es in ihr.

Und mit Blitzesklarheit nahm die Erkenntnis ihr Herz ein: »Wenn du jetzt – jetzt gleich sie wecktest, wenn du vor dein Kind hintreten würdest wie vor eine Ertappte, die du heimlich belauscht, – wenn du ihre kleine schmiegsame Mädchenseele jetzt in die Hand nehmen und nach deinem stärkeren Willen prägen würdest: Ja, dann wäre es vielleicht möglich, deinem Einfluss in ihr Gewalt zu verleihen. Nimm den Augenblick wahr, wo sie, sich selbst verratend, daliegt, als sei sie dir ausgeliefert. Mache sie zu deinesgleichen, hauche ihr dein Wesen und deine Wünsche ein. Sie ist ja dein. Sie vertraut dir grenzenlos, und ihr höchster Maßstab bist du. Nutze deine Macht über dein Kind –.«

Aber noch während Marianne deutlich ein jedes dieser Worte in ihrem Innern vernahm, als raune irgendwer sie unablässig ihr zu, machte sie eine übermenschliche Anstrengung, sich ebenso unbemerkt zu entfernen, wie sie hergekommen war.

Nur jetzt keinen Laut! Nur jetzt leise, leise hinweg, ehe sie erwacht, ehe sie ahnt, wer hier gestanden und mehr, als sie sagen wollte, von ihr erfahren hat –.

Es gelang Marianne, die Tür wieder anzulehnen und geräuschlos ihr Schlafzimmer zu erreichen.

Mechanisch begann sie, sich zu entkleiden.

Da standen noch die Anemonen.

Marianne blickte mit heißen Augen auf sie.

Dann löschte sie die Kerze aus.

Unerwartet, dicht, ohne den kleinsten Lichtfleck von draußen, den die zugezogenen Vorhänge am Fenster aussperrten, umhüllte sie das Dunkel wie eine Gruft.

Sie stürzte vor dem Bett in die Knie und verbarg ihren Kopf in den Kissen –.

Dieser Sonntag war kein Sonntag zum Ausschlafen gewesen. Sowohl Marianne als die Kinder erschienen am Morgen übernächtig und mit übermüdeten Augen.

Keines von ihnen dreien wusste indessen etwas von dem eigentlichen Grunde der Traurigkeit in der Seele des andern. Cita schwieg, ihr war wunderlich weich, als ob ihr allerlei nächtliche Träume nachgingen, aber auch ihre Befürchtungen waren noch in ihr und stimmten sie reizbar, obgleich sie sich's auszureden suchte.

Marianne bemühte sich, vor den Augen der Kinder wohlgemut zu erscheinen. Als Sophie hereinkam, sagte sie freundlich: »Ich sehe, du hast gestern meinen Schreibtisch für deine Beschäftigungen auserkoren. Das ist recht so, ich gebrauche ihn jetzt in der Weihnachtszeit ja nicht. Und Cita wird vielleicht etwas stark Anspruch an den deinigen machen.«

Sophie errötete lebhaft, ohne zu antworten. Sie wusste nur noch dunkel, auf welche Weise sie gestern schließlich zu Bett gekommen war. Und es kam ihr im nüchternen Morgenlicht unmöglich vor, der Mutter die großen Eröffnungen zu machen. Jedenfalls lag es an der Nacht, dass diese Dinge ihr wesentlich leichter und natürlicher erschienen waren.

Das Dienstmädchen Stanjka, das sich zum Kirchgang rüstete, war die einzige, die sonntäglich und unbeschwert zwischen ihnen herumging. Sie trug ein neues grellrot gemustertes Kattuntuch um den Hals und hatte ihr aschblondes Haar mit Kwas glänzend gemacht; der Sonntag gehörte ihr fast immer, und sie freute sich auf ihn während der ganzen Woche.

Alles Gute war augenscheinlich immer auf einen Sonntag gefallen: In den Kirchen, in den Häusern, in den Vergnügungslokalen und Teebuden feierte man nur ihn! Die Glocken, die mit mächtigen Klängen die Luft erfüllten und in die Stuben hineintönten, redeten Stanjkas frommer Naivität ganz unterschiedslos von himmlischen wie von irdischen Herrlichkeiten, von Kniebeugungen bei Orgelklang und Kirchengesang, wie vom Tanz zur Balalaika.

Nach dem Gottesdienst brauchte sie nur noch um zwölf Uhr den Frühstückstisch zu richten und den Samowar aufzustellen.

Kurz vorher erschien Wera Petrowna zur festgesetzten Stunde.

Sie hatte ein altmodisches und durch langen Gebrauch reichlich leuchtend gewordenes schwarzes Seidenkleid angezogen und trug auf dem Kopf eine komplizierte Haube mit lila Tolle, die sich im wattierten Kapottehut auf keine Weise unterbringen ließ, und die sie daher stets in einem besondern Beutel mit sich führte.

»Um ein Haar wär ich nicht gekommen, ich sollte nämlich heute Vormittag in das Dawydowkonzert«, erklärte sie, als sie sich zu Tisch setzten. »Das Billett war noch nicht da, ich wartete drauf bis halb zwölf, es kam jedoch nicht. Es sollte nämlich nur dann kommen, wenn die Frau meines Neffen, die sich gestern Abend schon unwohl fühlte, über Nacht krank würde. Sie ist aber nicht krank geworden.«

Sophie musste lachen.

»Dafür ist es freilich kein Ersatz, wenn wir Ihnen später etwas vorspielen und vorsingen wollen«, meinte sie und legte Wera Petrowna von den kleinen Pasteten mit gehacktem Fleisch und Kohl vor.

»Nein, meine liebe, schöne, kleine Sophie. Auch muss ich später ohnehin fortgehn, denn ich habe noch andre Billette. Die habe ich mir eben geholt. Später drängen sich die Menschen so an der Kasse. Es ist weit besser, man ist versorgt.«

»Wohin denn?«, fragte Cita ohne Neugier. Sie kannte die Ausgehewut und Belustigungssucht der Alten.

»Diesmal nur zur behaarten Riesin und zum zweiköpfigen Kind«, sagte Wera Petrowna gelassen und nahm sich Zitrone zum Tee.

»Sie sind doch immer kreuzfidel, – aber wirklich immer!«, bemerkte Cita nachsichtig.

»Kreuzfidel? Nein, ihr junges Volk, das bin ich gar nicht. Ich muss mich nur beeilen, die Augen aufzureißen, ich habe viel nachzuholen. Wie lange dauert es, dann heißt es: Mund zu und Erde auf die Augen. – Nun, hoffentlich dauert es noch ein Weilchen«, ergänzte sie.

»Nachholen? Ja, – aber – die behaarte Riesin –?«

»Nun, wenn auch nur eine Riesin. Was meinen Sie denn, ob bei uns dahinten auf dem Gut auch nur so eine gewesen wäre?! Nein, keine Spur! Das wäre ja Sensation genug für lange hinaus gewesen. – Natürlich gibt es auch noch was Besseres als das. Natürlich. Man muss aber zufrieden sein, wie es sich trifft; die besseren Treffer kommen auch noch.«

Sie konnte es den jungen Mädchen gut anmerken, dass sie nicht mehr recht wussten, ob sie sich selbst ironisiere, oder ob sie von ihr zum Narren gemacht würden. Wera Petrowna gefiel das ausnehmend;

sie betrachtete aus ihren klugen Augen die beiden Schwestern mit Wohlgefallen.

»Ja, ja, wenn ich auch noch so jung wäre. Herr du mein Gott!«, sagte sie und schob den Teller zurück.

»Dann würden Sie sich ohne Zweifel noch weit besser und viel mehr amüsieren, nicht wahr?«, äußerte Cita und zuckte bedauernd die Achseln. »Nun sehen Sie, daran liegt uns trotz aller Jugend gar nichts.«

»Nein, meine lieben dummen Unschuldstäubchen, – ich würde ins Kloster gehen, ja, das würde ich!«, behauptete die Alte, und ihr ganzes Gesicht lächelte fein und spitzbübisch aus allen seinen Fältchen. »Ja, davon habt ihr noch keinen Begriff«, fuhr sie auf der Mädchen erstaunten Blicke fort und nickte ihnen zu, »so eine Jugend, die geht ins Zeug! Nun, wohl bekomm's! Prosit Mahlzeit also!«

Sie stand auf, noch ehe Marianne, die geduldig dasaß und wartete, das Zeichen dazu gegeben hatte.

Marianne wollte ja mit ihr noch allerhand Weihnachtsbesorgungen besprechen. Und so viel sah sie recht wohl mit ihren beiden guten Augen: dass ihre liebe Marinka auch heute ein bedrücktes Herz haben mochte. Aus irgendeinem Grunde, gleichviel aus welchem. Jedenfalls schienen heute selbst die Kinder dagegen machtlos zu sein, deren Geplauder die Mutter sonst heiter zu stimmen pflegte.

Ihr schien, dass sich Marianne nach Ruhe sehne, – vielleicht nach einem Alleinsein, das die jungen Mädchen grade in ihrer zärtlichen Sorge vereitelten.

Als alles erledigt war, was zu besprechen gewesen, zog sie ihre Staatshaube vom Kopf und bestand darauf, fortzugehen. Aber schon im Mantel und Kapottehut mit zugebundenen Ohrenwärmern, klapperte sie noch einmal an ihrem Stock in den »Spalt« hinein, wo die Schwestern soeben an Stanjkas statt den Tisch abgeräumt hatten.

»Also auf Wiedersehen, meine zwei Täubchen«, sagte sie, »wie ist es nun? Ich bin eine alte Frau, die am Stock humpelt – in meiner Jugend würde man so eine nicht allein ins Menschengedränge haben gehn lassen, – aber die junge Welt von heute –«

Cita und Sophie sahen sich verdutzt an. Sie blieben vor ihr stehn und machten verlegene Gesichter.

»Ja, warten kann ich nicht!«, entschied die Alte und schwenkte aufmunternd ihren Beutel. »Also, eins, zwei, drei: Geht jemand mit mir ins Sonntagsvergnügen bei der behaarten Riesin und dem zweiköpfigen Kinde, – und wer?«

Im edlen Wetteifer, nicht der andern die lästige Pflicht aufzubürden, riefen sie alle beide kleinlaut: »Ich!«

»Bravo! Bravo! Also alle beide!«, lobte Wera Petrowna, und es zuckte dabei ganz wunderlich um ihre Mundwinkel, in Güte und Bosheit zugleich. »Nun freilich! Junges Volk ist eben junges Volk, wie ernsthaft es auch tut, da sieht man wieder: Es will sich amüsieren.«

Marianne tat es leid, als sie die beiden Mädchen betreten hinter der Alten fortgehn sah, indessen mochte sie ihr die so dringend provozierte Begleitung nicht missgönnen. Ihr Kopf schmerzte heftig, sie hätte sich am liebsten mutterseelenallein in ein Zimmer mit verhängten Fenstern gelegt.

Aber eine innere Unruhe ließ es nicht zu. Mehr noch als nach Stille und Vergessen sehnte sie sich nach einem Beistand.

Langsam ging sie durch die Wohnstube. Bei den hohen Blattpflanzen, ihren gepflegten und geschonten Lieblingen, blieb sie einen Augenblick stehn. Sie las ein welkes Blatt ab und schaute nach den harten, knollenförmigen Knospen am Gummibaum.

Der Schreibtisch stand schön aufgeräumt. Neben den Schulheften lagen ein paar kleine dünne Bücher, – Kindergeschichten, mit neuem Buchschmuck herausgegeben. Sie kosteten nur wenige Kopeken, und Marianne hatte sie voll Entzücken gekauft. Fast immer lag hier dergleichen, als warteten immer allerlei Kinderhände auf sie –.

So totenstill war es. Man war wie allein auf der Welt. Nichts von der hastigen Geschäftigkeit der Wochentage in der Wohnung.

Es wollte ihr vorkommen wie ein Atemanhalten um sie her. Alle Dinge wurden darin beredter, belauschbarer –.

Die Stille machte bange, sie war so selten allein.

Alle Dinge in dieser kleinen Wohnung liebte sie, ein jedes Stück darin hatte sie mit zärtlichem Bedacht gewählt, – nur was sie lieb haben konnte, das hatte sie allmählich zusammengetragen.

Sie hatte gewünscht, diese Räume sollten mehr als wohnlich wirken, – wie Arme, die sich weit und warm erschließen.

Aber sie wirkten nur so, weil geliebte Menschen sie erwärmten. Weil immer noch Sophie in ihnen ging und stand, lebte und lachte, – weil Sophie in ihnen die Mutter erwartete, wenn sie abends müde von der Tagespflicht heimkam.

Wenn alle diese Liebesfülle keine Betätigung mehr fand, dann konnte auch keine Liebe mehr auf die Dinge überströmen. Sie blieben nicht länger beseelt, – sie entseelten sich, – starben –.

Marianne fröstelte. Und plötzlich richtete sie sich entschlossen auf, schritt in den Vorflur hinaus und nahm ihren Mantel.

Sie wusste wohl, was sie tun musste. Einen Beistand brauchte sie. Sie musste, wie mit allem, so auch hiermit zu Tomasow. Mit ihm sich beraten, ihn hören. Dass er da war, das war eine Zuflucht.

Aber in all ihrem Verlangen danach fürchtete sie sich zugleich, und mit schwerer Hand machte sie sich fertig, zu ihm zu gehn. Sie wusste: Zu den weichen Tröstern gehörte er nicht. Ihm eingestehn, was sie heute quälte, das hieß sich entscheiden –.

Draußen ruhte frostige Winterdämmerung, obschon es noch früh am Nachmittag war. Der Wind machte es bitterlich kalt. Marianne durchquerte einen Teil des Kreml; in dampfenden Wölkchen stieg ihr Atem und gefror zu Tausenden winziger Eisperlchen an ihrem Pelzkragen fest.

Stumpf und leblos wölbte sich der dicke Schnee um alles ringsum, rundete jeden Umriss, verwischte jede scharfe Linie. Hier und da klang ein Glockenton an, – wie im Traum, – leise verhallend. Es war, als raune eine Glocke der andern schlaftrunken etwas zu.

An manchen Kirchentüren auf dem großen Kremlplatz lagerten Pilger oder lehnten an den Mauern, auf ihren Pilgerstab gestützt. Marianne war nicht in der Stimmung, um irgendetwas von der Außenwelt mit Interesse aufzufassen, aber auf diesem Bilde blieb ihr Blick mit einer dunklen, unverstandenen Sehnsucht ruhen; über den zerlumpten Pilgern, – über ihnen, die sich bis an die Tore der Gotteshäuser in vielleicht wochenlanger mühseliger Wanderung durchgefroren und durchgehungert hatten, lag eine solche kindliche Zufriedenheit. Man sah ihnen allen an, – Greisen, Weibern, jungen Menschen: Sie standen am Ziel – da, wo sich alle Wünsche erfüllen, und man alle Bürden abwirft, – *zu Hause* –.

Gern hätte auch sie ihre Füße wund gelaufen, um Frieden zu finden und sich alles Schweren zu entlasten. Würde sie das erreichen, unter Tomasows klugen und guten Worten? Würde sie es bei ihm erreichen? In diesem Augenblick glaubte sie es.

Bald war Marianne an seinem Haus angelangt. In einer ruhigen Straße stand es, einstöckig und unscheinbar, hinter einem hofartigen Vorgärtchen.

An den Vorflur stieß ein großes Schrankzimmer, wo der Diener, Andrian, sich aufzuhalten hatte, der, aus Tomasows Heimatsdorf gebürtig, ihm seit vielen Jahren anhing, und auch alle Reisen ins Ausland mitmachte. Dies Schrankzimmer erschien Marianne stets als der weitaus behaglichste Raum zwischen den konventionell eingerichteten Empfangsgemächern im Erdgeschoss. Vielleicht aus reiner Bequemlichkeit mochte Andrian hier alles zusammengehäuft haben, was seiner speziellen Pflege oblag: Eine stattliche Reihe hoher Blattpflanzen, besonders mehrere prachtvolle Palmen, an denen er unermüdlich herumspritzte und putzte; daneben hing am Fenster ein Bauer mit einem singfrohen Kanarienvögelchen, Batjuschka »Väterchen« genannt, mit dem Andrian sich den ganzen Tag über alles, was geschah, unterhielt.

Marianne ertappte sich auf dem Gefühl, das manchen von Tomasows Patienten beschleichen mochte: Lieber in diesem friedlichen Idyll von Palmenlaub und Vogelgezwitscher verweilen zu wollen, als sich weiter zu wagen in die Zimmer des Arztes.

Indessen noch hatte Andrian ihren Besuch nicht melden können, als bereits Tomasow selbst erschien, sichtlich beunruhigt über ihr unerwartetes Kommen. In Anwesenheit des Dieners tat er keine Frage, sondern führte sie gleich durch seine Bibliothek in die Studierstube.

Marianne ließ sich in den ersten besten Sessel sinken, hilflos zu ihm aufschauend.

»Sophie will fort!«, sagte sie unvermittelt, wie man mit geschlossnen Augen blind losschießt.

»Hat sie es Ihnen gestanden?«

Sie schüttelte den Kopf.

»Das nicht –. Aber untereinander werden beide gewiss schon davon geredet haben. So direkt sagt sie es nicht. – Aber jetzt weiß ich: Erst neulich brachen beide ganz verlegen ein Gespräch ab, weil ich unvermutet eintrat. Und ich – meinte, es handle sich vielleicht nur um Weihnachten –. – Haben die Mädchen am Ende auch Ihnen –?«

»Nein«, entgegnete Tomasow.

Er war vor ihr stehn geblieben, gespannte Aufmerksamkeit im Gesicht, während sie rasch und mit trockenen Lippen sprach.

»Nun, das ist gut«, fügte er jetzt hinzu.

»Gut –?!«

»Ja. Es musste einmal zur Sprache kommen und zum Ausbruch, – es war hohe Zeit«, sagte er ruhig, »denn vorher ließ sich nichts machen, weil Sie es nicht zuließen, Marianne. Obschon Sie es vor sich selbst verheimlicht haben, nagte die Furcht davor doch schon unablässig leise an Ihren Nerven. Das missfiel mir längst. Aber nun ist es gut, dass es durchgekämpft wird.«

Marianne hob ihren Blick angstvoll zu ihm auf.

»Ich kann aber Sophie nicht hergeben! – Nein, nicht auch Sophie noch –. Sie ist ja auch zart, sie bedarf meiner fortwährend – Gott sei Lob und Dank, dass sie meiner noch bedarf!«

Tomasow zog einen Stuhl heran.

»Nun lassen Sie einmal sehen, Marianne! Jetzt bitte ohne alle Hinterhalte. Wie ist es denn mit Sophie? Sie machen doch ihrer Freude am Studium die weitgehendsten Konzessionen. Sie veranlassten mich noch selbst, ihrem Verlangen nach ganz bestimmten Fachbüchern nachzugeben –«

»Ja«, sagte Marianne hastig, »so ist es ja auch. Weil doch ihr Interesse grade hierfür alle übrigen Interessen so entschieden überwuchs. Und wenn ich nun bedenke, dass Sophie die höhern Kurse besucht, und dass sie Sie zum Berater hat und vorwärts lernt, so viel sie nur will, – ist es damit nicht genug? Muss sie durchaus auf den praktischen Arzt studieren, – muss sie von mir fortgehn –?«

Tomasow zuckte scheinbar erstaunt die Achseln.

»Nein, selbstverständlich muss sie das keineswegs. Sie beruft sich dabei einfach auf ihr Reifezeugnis zum Universitätsbesuch und auf ihre Neigung, so zu handeln. Beides braucht ganz und gar nicht den Ausschlag zu geben. – Indessen: ob ich sie für genügend befähigt dafür halte, ob mir die Sache aussichtsvoll erscheint, – auch das haben Sie doch schon nebenher von mir zu erfahren gesucht, Ma.«

Marianne entgegnete heiser: »Ja, aber umsonst. – – Verstehn Sie denn nicht, Tomasow: Ich wollte wissen, wie Sie sich selbst insgeheim dazu stellen, – wie Sie selbst – eventuell – in meiner Lage handeln würden. Aber Sie antworteten stets nur auf ganz bestimmte praktische Fragen, eingehend und gewissenhaft. Dabei erfuhr ich das mir Wesentliche nicht.«

Tomasow erhob sich. Er antwortete zurückhaltend: »Nein, natürlich nicht. Denn abgesehen von den möglichen praktischen Überlegungen, gibt es da eben keine letzte, objektiv gültige Entscheidung. Was ich täte, wenn ich Töchter hätte, kann ich nicht so abstrakt von vornherein feststellen, vielleicht – möglicherweise – wäre meine Erziehung der Ihrigen sogar entgegengesetzt von allem Anfang an. Vielleicht wäre sie weltlich, oder philiströs, oder gleichviel wie! Ganz genau aber kann ich feststellen, was *Sie* tun werden, – Ihrem ganzen Sein und Wesen nach, und das hätt ich Ihnen längst sagen können, wenn Sie es hätten hören wollen. Und offenbar, wenn ich nicht völlig irre, kamen Sie jetzt auch nur dazu hierher: Nicht um meine Meinung zu erfahren, sondern um – nun, um eine letzte kleine Feigheit zu überwinden, die Sie bisher noch hinderte, sich selbst anzuhören.«

Marianne sprang nervös auf.

»Wie reden Sie denn nur! Sie quälen mich!«, murmelte sie gereizt, die Stimme voll Tränen.

Seine Augen richteten sich mit einem eindringlich forschenden Blick auf sie.

»Ich weiß, dass ich das tue!«, sagte er ernst. »Und ich weiß auch, dass Ihre Nerven grade heute um Schonung schreien. – Und nun hören Sie mich an, Marianne, und zwar ganz getrost, denn ich kann Ihnen wirklich helfen, wenn Sie nur wollen. Ich schlage vor: Überlassen Sie die ganze Sache mir. Überlassen Sie es mir, Sophie von ihren hochfliegenden Wünschen zu kurieren. So gänzlich zu kurieren, dass sie nie wieder Lust nach dem ärztlichen Studium und Beruf verspürt. Wollen Sie?«

Marianne sah ihm ungläubig in die Augen.

»Wie sollte das wohl möglich sein? Womit könnten selbst Sie das erreichen?«

»Das ist meine Sache. Für das Gelingen steh ich ein.«

Ein seliger Hoffnungsschimmer überflog ihr Gesicht, aber so zaghaft noch, dass es ihn rührte.

»Aber – warum hätten Sie das dann nicht längst getan?!«

»Warum? Nun offenbar darum, weil Sie ja für die Pläne und Interessen Ihrer Kinder nicht nur Nachsicht zeigen, sondern sie gradezu – in Ihrer unnachahmlichen Art, Ma, – heilig halten, ängstlich bemüht um die geistige Eigenart jedes einzelnen.«

Marianne sah sehr unruhig aus.

»Ja, das ist doch aber auch das einzig Richtige? – Sie sprechen ja jetzt doch wohl nur davon, Sophie rechtzeitig in wirklich bestehende und unausweichliche Schattenseiten Ihres Berufes einzuweihen –?«

Tomasow schwieg einen Augenblick.

»Meine liebe Ma!«, versetzte er dann. »Die Dinge sind nun einmal, als was sie uns erscheinen. Suggestion ist schließlich alles. Ich halte mich für sehr wohl imstande, stärkern Wesen als ein Mädelchen wie Sophie ihr Studium für alle Ewigkeit hinaus zu verekeln, unerträglich zu machen, – und ebenso bürge ich dafür, dass ich ein viel zarteres kleines Menschenkind, als sie ist, mit etwas Kraftaufwand durch alle Schwierigkeiten und Fährlichkeiten derselben Sache mit Erfolg hindurchbringen würde.«

Marianne machte eine hilflose Bewegung. Sie suchte nach Worten, – lehnte sich innerlich auf gegen die Worte, die ihr kamen, – und endlich entschlüpfte es ihr leidenschaftlich: »Nein – o nicht! Sophie nichts antun! Nichts Hemmendes, nichts Arges –. Nichts gegen ihr Wachstum, nichts gegen ihre Kraft und Freudigkeit –«, sie unterbrach sich und hielt erschrocken inne.

»... nichts gegen ihren Wunsch, fortzugehn –?«, ergänzte Tomasow.

»Also doch!«, murmelte er, als sie darauf nichts antwortete.

Er nahm ihre Hand in die seine, küsste sie fast unwillkürlich und hielt sie fest, während er sich dicht über Marianne neigte: »Kind! Jetzt haben Sie sich richtig selbst in die Entscheidung hineingestoßen, – jetzt besiegen Sie auch die Angst, die Sie haben, weiter zu sprechen. Sehen Sie nun ein, wie wenig es hilft, Ihnen helfen zu wollen? Sie laufen ja doch gradeswegs in das hinein, was Ihnen das Schwerste ist und Sie ängstigt. Und eben deshalb muss es entschieden sein! Dieser hingezogene Kampf ist ein Wahnsinn. Verwerfen Sie meinen Vorschlag von vorhin, so siegt Sophie. Soll sie das –? Soll sie gehn dürfen, oder soll sie bei Ihnen bleiben –?«

»Gehn!«, sagte sie und brach in ein bitterliches Weinen aus.

Tomasow ließ sie mehrere Minuten gewähren.

Er atmete tief auf und ging einige Mal im Zimmer auf und ab. Sein Gesicht behielt dabei den gespannten, aufmerksamen Ausdruck.

Dann kam er wieder zu Marianne. Er zog ihr leise, mit sanftem Zwange die Hand von den Augen, die sie verdeckt hielt.

»Nun ist es aber genug!«, äußerte er lächelnd. »Zeigen Sie Ihren Nerven den Herrn. – Wollen Sie nicht eine Tasse Tee nehmen? Sehen

Sie, dort steht das ganze Geschirr noch, – ich war grade dabei, als Sie kamen. Zur Strafe trinken Sie ihn nun kalt, natürlich.«

Sie gehorchte mechanisch und ließ sich ein wenig Tee eingießen, in den Tomasow aus einem Arzneifläschchen ein paar Tropfen mengte.

Dann überließ er sie wieder sich selbst und nahm den Spaziergang im Zimmer von Neuem auf.

Aber Marianne erhob sich vom Eisbärfell.

»Es ist spät geworden. Ich will nach Hause gehen«, sagte sie mit einer leisen Stimme, »die Kinder sind gewiss schon zurück und warten erstaunt. Sie waren nur für kurze Zeit mit Wera Petrowna ausgegangen.«

Tomasow blickte auf die Uhr.

»Wie Sie wollen, Ma. Vielleicht ist es so am besten. Indessen – sind Sie jetzt auch schon dazu imstande? Sind Sie Ihrer selbst ganz sicher? Ich lasse Sie nicht fort, ehe ich das genau weiß.«

Und als Marianne ihn müde fragend ansah, fügte er hinzu: »Ihrer Töchter halber ist es notwendig, dass sie ihre Mutter in dieser Angelegenheit fest und sicher auftreten sehen. Als eine Autorität – nicht wie ein hingeschlachtetes Opferlamm. – Darum müssen Sie es sein, Marianne, die entschlossen die Initiative ergreift.«

»Ich soll selbst –?«, murmelte Marianne.

»Ja. Das ist notwendig, und zwar sofort. Lassen Sie die Ungewissheit keine Stunde länger anstehen. Lassen Sie sich keinen Raum zu Beängstigungen und Traurigkeiten dazwischen. Bringen Sie noch heute – heute noch! – die Sache zur Sprache und Entscheidung.«

»Heute?!«, wiederholte sie erschreckt.

Sie war tief erblasst.

Tomasow ergriff ihre Hand und nahm sie in seine beiden Hände. Er sagte ermutigend: »Versuchen Sie es nur! Bleiben Sie nicht mitten im Kampf stecken, der Ihren Nerven stündlich härter zusetzen wird – überstehen Sie es schnell ganz. Hinterher kommt die allheilende Ruhe. – Glauben Sie, dass Sie es mir versprechen können?«

»Ja. Ich will es tun«, sagte sie traurig.

»Dann lasse ich Sie ruhigen Herzens fort. – Wenn Sie erlauben, geleite ich Sie selbst an einen Schlitten«, bemerkte Tomasow und führte Marianne durch die Bibliothek hinaus.

Er schellte nicht dem Diener, sondern gab ihr selbst den Mantel um. Marianne tat seine Art so wohl, wie einem leise umsorgten Kinde.

»Ich bin ganz zerschlagen und wund«, meinte sie mit einem mühsamen Lächeln, »aber ich danke Ihnen, Tomasow.«

»Ach, Ma –« er stockte und murmelte: »Wenn Sie nur – wenn Sie wenigstens ohne Groll herdenken. Es ist eine schändliche Aufgabe, die mir wiederholt zufällt, Ihnen weh tun zu müssen, Sie zu etwas Hartem ermannen zu müssen. – Die Erleichterung wird auch diesmal nachkommen, ich hoffe es mit Bestimmtheit. Aber die Überwindung ist deshalb nicht minder schwer.«

Marianne schwieg. Sie stand, fest an ihn gelehnt und schloss die Augen.

Nein, so feige würde sie doch nie sein, sich nicht immer diesem unbestechlichsten aller Freunde mit ihren Nöten und Schwächen anzuvertrauen, weil er streng gegen sie war! Ein großer Dank gegen ihn stieg in ihr auf. Wenn nur er ihr blieb –!

Tomasow verstand die stumme Antwort vollkommen.

Er öffnete die Tür und rief Andrian zu, einen Schlitten vor das Gittertor zu winken.

Dann geleitete er Marianne durch den verschneiten Vorgarten, half ihr einsteigen und knüpfte ihr die Felldecke um die Knie.

»Ich bin heute viel aus«, bemerkte er dabei, »darf ich gegen Abend für einen einzigen Augenblick bei Ihnen vorsprechen? Mich überzeugen, wie alles steht –?«

Marianne nickte. Sie wusste, wovon er sich überzeugen wollte –. Dann also musste es schon geschehen sein –. Ihr schlug das Herz stärker bei dem Gedanken.

Als der Schlitten fortfuhr, ging Tomasow langsam ins Haus zurück.

Andrians Gesicht strahlte, er freute sich immer, wenn er Marianne sah, denn es kam vor, dass sie sich von ihm Geschichten aus dem Dorfleben erzählen ließ, und das war ihm das Höchste. So erfuhr sie manche Einzelheit aus Tomasows Kindheit, der als kleiner Bursche, zu Besuch beim Großvater, – einem echten alten Bauern, – mit Andrian noch barfuß umhergelaufen war.

»So ein Mütterchen, – wirklich, so ein prächtiges!«, entschied Andrian, und sah seinen Herrn lächelnd an, während er seine schwachen kurzsichtigen Augen zukniff, die der Schnee blendete. Ganz wie sein Herr trug er einen Kneifer, wenn auch keinen goldnen, und nur einen mit dunklem Schutzglas. Er fühlte sich sehr stolz auf diesen Kneifer, und kam sich darin ganz wie ein Ausländer vor.

Tomasow würdigte Andrian keiner Antwort. Er ging schweigend in sein Zimmer hinüber und ließ den Tee forträumen.

Nachdenklich schritt er dabei auf und ab.

»So ein Mütterchen!« In seinen eignen Erinnerungen spielte Elterntreue eine große Rolle. Den Vater hatte er wenig gesehen: Der hatte sich zum Kaufmann und Reeder heraufgearbeitet, ungeheuer erwerbstüchtig, ungeheuer strebsam, bewusst einseitig, ohne Zeit sich Bildung anzueignen: Alles das für die Kinder. Die sollten dann alles haben: Bildung, Macht, Geld, Glück. Zwei Schwestern von Tomasow verheirateten sich früh und ansehnlich. Und er, als Student der Medizin, in jugendlichem Enthusiasmus fast in nihilistische Umtriebe verwickelt, voll drängender, unruhiger Energie, kam immer wieder ins Dorf zurück, zum Großvater. Wenn er den Alten vor sich sah, eisgrau, mit den klugen, beredten Augen unter den buschigen Brauen, dann erschien er ihm in seinem Schafspelz wie ein ganz Großer, wie ein Fürst oder Gewaltherr. Herr in seiner Hütte, auf seinem Felde, Ahnherr eines starken Geschlechts. Dies Dorfbild behielt für Tomasow eine sonderbare Poesie –.

Plötzlich blieb er mitten im Hin- und Herschreiten stehn. Er horchte. Drüben im Dienerzimmer unterhielt sich Andrian mit Batjuschka. Er pfiff ihm russische Weisen vor und erzählte –.

Tomasow beschlich ein leiser Neid. Wenn Andrian seinen Kneifer fallen ließ, so war er wieder der Bauer von einst, aller europäische Firnis fiel einfach von ihm ab. Wer das ebenso machen könnte, oder aber sich eine neue Welt bauen –. Ja, der wäre erst des »Mütterchens« wert –.

Er stand auf und horchte auf das Geplauder und Gezwitscher in der Dienerstube.

Ma erwartete zu Hause eine Überraschung.

Ihre beiden Mädchen waren soeben heimgekommen. Noch stand die Wohnungstür weit offen, und ein Bauersmann mühte sich eben damit ab, einen hohen herrlichen Weihnachtsbaum in der Stube unterzubringen.

Sophie sah die Mutter glückstrahlend an. Es war doch eine gute Idee, das mit dem Baum! Es war *ihre* Idee. Ma hatte ihn sich doch so sehr gewünscht, und wenn sie ihr auch erst gestern Abend etwas weit

Großartigeres darbringen wollte, so erleichterte sie dies doch für den Augenblick.

Cita stand noch in Mütze und Pelzjacke und lohnte den Mann ab; mitten im Wohnzimmer erhob sich jetzt die Tanne und duftete wirklich wie ein ganzer Wald. Oben stieß sie sogar ein wenig an die geweißte Decke an, sodass sie ihre höchste Spitze krümmen musste, von der Seite jedoch breitete sie ihre Äste ebenmäßig und tiefgrün, wie ein schirmendes Dach, über Mas Schreibtisch aus.

Sophie hatte sich an das geöffnete Pianino gestellt, das der Baum von der andern Seite überschattete, und unter seine Zweige gebückt, suchte sie ein paar Akkorde eines alten Weihnachtsliedes.

Die Mutter äußerte nichts, bis der Mann hinausgegangen war. Sie sah blass aus, und ihre Augen besaßen etwas so Stilles, so nach innen Gekehrtes im Blick.

Endlich sagte sie mit ihrer warmen Stimme: »Dank euch! Ja, dies Weihnachtsfest soll uns schön werden, wie nie eins gewesen ist! Wir wollen froh sein, wir drei zusammen! Denn es wird hier am Ort unser letztes sein. Übers Jahr feiert auch Sophie es nicht mehr hier. – Ich dank euch, ihr Kinder.«

Sophie, die eine leise Melodie angeschlagen hatte, brach mit einem grässlichen Misston ab.

Cita, eben im Begriff, ihre Sachen abzulegen, hielt erwartungsvoll inne und blickte die Mutter an.

Da ging Marianne zu ihrer Jüngsten hin und nahm sie in die Arme.

»Aber nicht getrennt!«, sagte sie bewegt. »Ich werde mein Weihnachtsfest da haben, wo du grade studieren wirst.«

»Ach – Ma!«, schrie Sophie auf.

Sie glaubte es noch nicht recht. Mit dunkel gerötetem Gesicht schaute sie angstvoll und zugleich strahlend zur Mutter auf und umklammerte ihren Hals.

»Ach, Ma –! Ist es denn wirklich wahr –?«

Dieser Augenblick tat Marianne doch bitterer weh, als sie jetzt eben beim Heimkehren geglaubt hatte. Sie drückte Sophiens leuchtendes Gesicht an sich, um nicht den Ausdruck der Freude darin zu sehen.

»Ja, es ist wahr, Herzenskind. Alles Nähere besprechen wir noch ein anderes Mal. Auch mit Cita muss ich noch vieles besprechen. So ganz einfach ist es nicht. – Aber die Sache selbst ist entschieden. Nun sollst also auch du hinaus, – gebe Gott, einst zu deinem und deiner Mitmenschen Segen.«

Sophie drückte sich fester an sie.

Sie schämte sich schrecklich vor Cita, aber sie weinte dennoch Ströme von Tränen in Mas Hals hinein, als ob sie nichts in der Welt je von da fortreißen sollte –.

Cita stand mit großen ernsten Augen beiseite. Das Wort, das ihr innerlich kam, lautete ganz spontan: »Donnerwetter!« Aber glücklicherweise behielt sie es bei sich.

Ein tiefer Respekt prägte sich auf ihrem jungen Gesicht aus.

Plötzlich kam sie auf die Mutter zu, ergriff deren Hand und küsste sie.

»Du bist wahrhaftig der famoseste Kerl unter der Sonne, du herrliche Ma!«, versicherte sie ganz begeistert.

Marianne lächelte nicht über diese Ehrfurchtsbezeugung; sie überlegte auch nicht, ob sie nun nicht gradezu glänzend ihre Autorität behauptet und die Initiative ergriffen habe.

Sie hielt ihr weinendes Kind im Arm und bückte ihr Gesicht tief zu ihm herab, als lausche sie fast gierig diesen Tränen, – als redeten diese Tränen artikuliert zu ihr – Süßes, Versöhnendes, Beschwichtigendes –.

Dann trocknete sie Sophie, wie einem kleinen Kinde, das nasse Gesicht mit ihrem eignen Taschentuch ab.

»Komm«, sagte sie sanft, »es ist doch ein großer Entschluss und daher ein großer Tag für dich. Geh hinaus und bring uns eine Flasche Wein. Wir wollen auf dein Wohl anstoßen.«

Sophie ging, der Mutter Taschentuch vor die Augen gepresst, langsam, als sei dieser Tag mehr ein schwerer als ein großer für sie.

Cita sah ihr unwillig nach.

Sie bemerkte zur Mutter: »Sophie ist doch noch sehr ein Kind. Hiernach muss doch nun ein jeder denken, es ginge zur Schlachtbank. Aber du kannst mir glauben, dass sie darauf brennt, zu studieren. Man muss nur erst in ihr alles das klären und ordnen.«

Marianne schwieg einen Augenblick.

»Bist du es, die diesen Entschluss in ihr zu klären versucht hat?«, fragte sie dann ruhig.

Cita begegnete ihrem Blick fest und offen.

»Ja, Ma. Sobald mir das selbst klar geworden war. Sie konnte nur nicht den Mut finden, dich zu fragen –. Sieh, ich stehe ja so dazu: Es ist etwas, wofür ich jederzeit kämpfe und eintrete, – wie denn also nicht, wo es die eigne Schwester gilt? Nur mit einem Unterschiede freilich: dass ich in diesem Fall nicht nur für die allgemeine Sache einstehe, sondern auch mit jedem Blutstropfen für Sophie selbst. Dass ich mich ihrem Leben verbinde, ihr helfen, zu ihr halten will jederzeit, – was auch geschehe.«

Marianne zauderte nur noch einen letzten Augenblick. Dann reichte sie ihrer Ältesten schweigend die Hand.

Sie schauten einander dabei voll in die Augen, wie zwei Freunde, die, wenn sie auch nicht auf ganz gleichem Boden kämpfen, es doch in gleichem Sinn und für dasselbe höchste Ziel tun.

»Ich stelle Sophie in deine Obhut, – ich baue auf deine Treue: Höheres hab ich dir nicht anzuvertrauen«, sprach Marianne leise; »Sophie war ›sein‹ Liebling – und ›seinen‹ Blick hat Sophie. Mir ist, als ginge noch einmal ›er‹ von mir hinweg, indem sie geht –.«

Cita war sehr blass.

Ihre Schwester kam mit Rheinwein und Gläsern zurück, entkorkte die Flasche und goss ein.

Keiner von den dreien sprach ein Wort, als Marianne ihr Glas erhob und mit ihnen anstieß.

Sie küsste ihre blonde Tochter, ihr zarteres Herzenskind, doch tat sie es heiter und herzhaft, um keinesfalls mehr Tränen aufkommen zu lassen.

Cita unterstützte sie in dieser Absicht nach Möglichkeit, denn es verletzte sie fast, dass Sophie heute weinen konnte.

»Eigentlich ist das ja ein Weihnachtsgeschenk, das allergrößte, und gleich unter den noch ungeschmückten Baum gelegt!«, sagte sie scherzend. »Wie kann man nur seine Gaben so vorweg verschwenden, Ma! Jetzt sollte ich von Rechts wegen alle übrigen Geschenke bekommen, denn Sophie hat nun an diesem einen vollauf genug.«

»Bis zum Weihnachtsabend hab ich vielleicht noch ein andres Geschenk für euch, – und dann für euch beide!«, erwiderte Marianne mit leisem Lächeln, und man hörte ihr an, dass sie von einer noch zaghaften, aber goldnen Hoffnung sprach.

»Noch ein andres? Noch ein schöneres? Nein, denn das gibt es ja gar nicht mehr auf der Welt. Nicht wahr, Sophie?«

Sophie schüttelte energisch den Kopf, ihre geröteten Augen strahlten jetzt doch.

»Also dies einzig ist das Schönste für sie, Besseres gibt es nicht!«, dachte Marianne still, einen Augenblick lang weh berührt, doch an der verschwiegnen Hoffnung, die sie hegte, hob sich ihr Mut wieder. Diese Stunde sollte eine freudige sein, und sie wurde es. So vieles drängte sich zur Aussprache, den beiden Mädchen wurde es in diesen Minuten erst bewusst, dass sie in mancherlei Heimlichkeiten gelebt hätten die Zeit über, – und dass es köstlich sei und an sich schon ein Fest, keinerlei Heimlichkeiten mehr zu kennen, Mas Blick und Lächeln gegenüber.

Und allgemach lenkte Marianne das Gespräch in immer ruhigere Bahnen. Sie saßen eng zusammengerückt bei der halbgeleerten Flasche, und während sie die praktische Seite der Frage näher erörterten, scherzten sie schon wieder.

Endlich stand Marianne auf. Es war fast halb sechs geworden.

»Jetzt möchte ich hineingehn und ein wenig ruhen, ihr beiden Taugenichtse. Diese Nacht war nicht gut für mich. Und morgen ist kein Sonntag mehr –. Aber von da an nehmen die Stunden endlich reißend ab. – Bis wir um halb sieben essen, bin ich wieder da. Sollte nun noch inzwischen ein Sonntagsgast kommen, so bestrickt ihn mit so viel Liebenswürdigkeit, als ihr wollt, mich jedoch soll er auf alle Fälle in Frieden lassen.«

An der Tür wendete sie sich noch einmal nach den Mädchen um und nickte ihnen zu. Sie sah ihre leuchtenden zutraulichen Augen, und ein warmes Dankgefühl kam über sie, als fiele langsam von ihren Schultern eine Last, unter der gebückt sie gegangen war: – wieder lagen jetzt die Herzen ihrer Kinder offen und ihr zu eigen vor ihr da, wie ihre blühenden Gärten. –

Nur ein Sonntagsgast schellte ein wenig später. Es war Tomasow.

Marianne hatte gewusst, dass er noch kurz vorsprechen wollte, indessen hatte sie selbst ihn in diesen Stunden vollständig vergessen.

Die beiden Mädchen erzählten ihm wörtlich den Auftrag der Mutter, falls jemand zu Besuch käme. Er musste lachen –, nun wusste er genug.

Was etwa noch fehlte, ergänzte ihm ein einziger Blick auf die Schwestern. Sophies Gesicht war noch voll roter Tränenspuren. Cita war blass und die dunklen Augen brannten ihr.

»Nun, das hier scheint mir ja schon mehr ein Bacchanal gewesen zu sein!«, bemerkte Tomasow, als er ins Wohnzimmer kam, wo noch die leeren Gläser standen.

Sophie fuhr es heraus: »Ja –! Denn ich soll nun Cita ins Ausland folgen und von Ostern ab Medizin studieren!«

Sie kam aus der Küche, die weiße Schürze schief umgebunden; heute konnte man wohl einige Bedenken wegen ihrer Beaufsichtigung des Mittagmahles hegen.

Tomasow sprach das nicht aus; er sagte nur: »So, so. – Nun, und Ma, – was sagt denn die dazu?«

»Ma ist es ja grade, die es selbst vorgeschlagen hat«, erklärte Cita.

»So. – Nun, und wo wird denn Sophie diese große Tat tun?«

Sophie rief: »Aber natürlich in Berlin!«

»Natürlich da, wo ich mit ihr zusammen sein kann«, meinte Cita.

»Nein, Cita, das kannst du so doch nicht sagen. Deshalb allein doch wohl nicht«, verbesserte Sophie einschränkend.

Tomasow hatte sich im Schaukelstuhl niedergelassen.

Er nahm seinen Kneifer aus der Seitentasche, rieb ihn mit einer Ecke des bastseidenen Taschentuches klar und setzte ihn auf seine etwas stumpfe Nase. Dann blickte er den beiden sichtlich noch ganz aufgeregten Mädchen nacheinander prüfend ins Gesicht.

»Eine kleinere Universitätsstadt, – eine solche natürlich mit gut bestellter medizinischer Fakultät, – wäre für den Beginn ebenfalls nicht übel!«, bemerkte er langsam.

»Ach nein!«, rief Sophie unwillig und ergriff ihn am Ärmel. »Dass Sie sich nicht etwa unterstehn, Doktor Tomasow, unsrer Ma dergleichen einzublasen!«

»Aber Sophie, du benimmst dich rein wie ein Kind!«, tadelte Cita, von der zwanglosen Intimität dieser Worte unangenehm berührt.

»Mir scheint hiernach aber doch«, nahm Tomasow sehr gelassen das Wort, »dass Sophie nur mit löblicher Offenherzigkeit ihres Herzens Meinung, – und auch Ihres Herzens Meinung, Cita! – kundgibt. Mir scheint, dass bei Ihnen die Wahl des Ortes fast eine ebenso wichtige Rolle spielt wie die soeben erst eingeholte Erlaubnis zum Studium selbst, – hab ich nicht recht?«

Sophie errötete und wollte widersprechen. Aber Cita setzte sich Tomasow gegenüber seitwärts auf einen Stuhl, schlang den Arm um die Lehne und bemerkte eifrig: »So kindisch ist es nicht zu nehmen, wie es bei Sophie leicht aussieht. Allerdings freut sie sich darauf, – und ich für sie! – dass sie auch außerhalb des Studiums am Leben teilnehmen wird. Aber selbstverständlich nicht etwa an seichten Vergnügungen! Nicht um irgendwelcher Genüsse willen, die eine große Stadt naturgemäß reicher bietet, –.« Citas Lippen kräuselten sich bei dieser Erwähnung fast so verächtlich, wie die einer jungen Nonne, die im Kloster vom Weltverzicht spricht.

Im »Spalt« nebenan, wohin Sophie eben verschwunden war, um einiges Geschirr für die Küche zurechtzustellen, hörte man es beängstigend laut klirren.

»Sondern –?«, forderte Tomasow Cita zum Weitersprechen auf. Der Kneifer saß ihm noch immer auf der Nase. Eigentlich hatte sie wenig Lust, weiterzusprechen. Sie fand ihn heute ganz merkwürdig arrogant aussehend.

»Sondern um teilzunehmen am Leben der heutigen strebenden Frauenwelt, – an dieser ganzen Bewegung«, sagte sie dennoch. »Sophie wird sich bald, so wie ich es tue, innerlich eins damit fühlen, daran emporwachsen –«

»Jedenfalls hat es etwas Begeisterndes!«, fiel Sophie ein, die es doch nicht aushielt, im Hintergrunde zu bleiben. Sie hatte das Geschirr niedergesetzt und trat wieder zu ihnen. Sie fand, dass man ganz über sie hinwegspräche, während es sich doch ausschließlich um ihre eigenste Angelegenheit handelte. Auch sie wollte sich Luft machen und mit ihrer Überzeugung herausrücken.

So fuhr sie lebhaft fort: »Es ist doch etwas ganz andres, ob man so vor sich hin studiert und nur ganz egoistisch an die eigne Zukunft denkt, – oder ob man mit allen zusammen diesen neuen großen Zielen entgegengeht. – Es hat etwas Begeisterndes!«, wiederholte sie mit einer inbrünstigen Betonung, die darüber hinweghelfen sollte, dass ihr gar nichts weiter einfiel.

Sie stand neben Tomasows Stuhl, sodass er zu ihr hinaufsehen musste. Wie sie diese Worte mit so viel Wärme sprach und dabei so zart und lieblich dastand, flog ein Ausdruck durch seine Augen, der Cita frappierte, obwohl sie ihn nicht verstand. Arrogant nahm er sich jedenfalls nicht mehr aus.

Tomasow nickte vor sich hin und bemerkte, indem er den Kneifer fallen ließ: »Ja ja, es ist schon so. Studieren oder nicht, – das ist gar nicht mehr allein die Frage. Sondern damit bildet sich zugleich ein neuer Typus der Frauen heraus, – ja, gewissermaßen ein neuer Typus, man muss es wohl so nennen. Damit, dass eine studiert hat, ist es nicht mehr abgetan.«

»Sehr richtig! Man muss das nur erst allerseits einsehen lernen!«, bestätigte Cita billigend, während ihre Schwester mit einem unterdrückten Seufzer in die Küche abging, obwohl sie sich weit lieber an dieser interessanten Diskussion beteiligt hätte.

»Sind Sie nun eigentlich für oder gegen den neuen Typus – so im Grunde Ihrer Seele, Doktor Tomasow? Farbe bekennen!«, fügte Cita lächelnd hinzu.

Jetzt waren seine Augen wieder voller Spott.

Er verneigte sich, das Lächeln zurückgebend, ironisch vor dem jungen Mädchen.

»Werde die Ehre haben, mich zu entscheiden, sobald Sie mir das erste vollzählige Regiment neuer Musterexemplare vorführen! – Einstweilen, – Sie wissen: Wer neue Wege sucht, muss sich drauf gefasst machen, unter Umständen mit zerfetzten Kleidern und einigen dicken Beulen und Schrammen aus dem Dickicht wieder aufzutauchen, – was einem Frauengesicht –«

»Davor fürchten wir uns nicht, Doktor Tomasow!«, unterbrach ihn Cita etwas scharf, einen feinen Hochmut um die Lippen.

»Nein, – wie ich sehe«, versetzte er, und wieder glitt der Ausdruck von vorhin durch seine Augen, »auch befürchte ich selbst für euch beide jetzt noch kaum sehr viel. Nein, für euch beide minder als für manche andre. Denn möglicherweise seid ihr bis zu gewissem Grade – gefeit. – Obschon keinesfalls durch euer eignes Verdienst«, fügte Tomasow hinzu, indem er sich aus dem Schaukelstuhl erhob. »Ich muss nun gehn. Meinen Gruß eurer Mutter und der kleinen zukünftigen Kollegin.«

»Gefeit, und nicht durch eignes Verdienst?!«, wiederholte Cita erstaunt und entrüstet. Auch sie stand auf und trat mit ihm hinaus auf den Vorflur. »Das wäre wirklich das Äußerste. Wenn wir einmal durch eigne Kraft etwas Tüchtiges geworden sind, werden Sie uns auch noch das Verdienst daran abstreiten –! Ich möchte wissen, wer dies Verdienst –«

Sie vollendete nicht, weil sich grade die Tür zu Mariannens Schlafzimmer öffnete, und diese in den Gang hinaustrat, wo ihr Sophie von der Küche her entgegenlief.

»Das Essen ist gleich fertig!«, rief Sophie erhitzt.

Marianne kam auf den Gast zu.

Tomasow, der schon im Pelz, zum Fortgehn bereit, dastand, blickte Cita schweigend an.

Und plötzlich verstand sie, was er meinte, – wen er meinte –. Ihre Entrüstung hielt nicht stand, fast gegen ihren Willen kam Demut in ihre Augen, als sie dem Ehrfurchtheischenden in seinen Augen begegnete. Denn dieser Blick hatte fast etwas Gebieterisches, etwas, was sich ihr eindrücken, einprägen wollte, wie eine Stimme, die deutlich sprach: »Ihr seid die Kleinen, die eine Große großmütig auf ihre Schultern hebt. Eine, die ihre Schultern beugt, damit sie euch tragen kann. Ich weiß das: Ich habe geholfen, euch da hinaufzuheben. Nun seht ihr euch die Welt von da oben an!«

»Was, Sie wollen schon gehn?!«, fragte Marianne und gab ihm die Hand.

»Ja, ich muss gehn. Und Sie, lassen Sie gefälligst die Suppe auf dem Tisch nicht kalt werden, – nach meiner Berechnung hat sie heute dem jüngsten Fräulein Tochter arge Mühe gekostet. – Froh bin ich, Sie noch zu sehen. Sie sind aber auch eine entsetzliche Langschläferin, meine Gnädige.«

»Ja, ich habe wirklich geschlafen!«, sagte Marianne.

Sie stand lächelnd, mit schlafroten Wangen, wie ein eben aufgewachtes Kind, und mit blinzelnden Augen da, denen das Lampenlicht noch weh tat.

An jeder Seite hing ihr jetzt eine Tochter. Sophie hatte ihr einen Arm um die Hüfte geschlungen und sich an sie geschmiegt, sodass sie nicht vorwärts gehn konnte. Cita schob ihre Hand leise in den Arm der Mutter.

Marianne stand da und strahlte in einer so warmen und innigen Schönheit, dass Tomasow ganz betroffen davon war.

»Sie ist ja doch die tausendmal Jüngste von allen dreien, – die tausendmal Anfänglichere –; sie ist wie das Leben an der Wurzel selbst und am unversieglichen Anfang –!«, dachte er wie berauscht, als er die Treppe hinabstieg.

Ganz langsam trat er den Heimweg an.

Ein eigenartiges Triumphgefühl mischte sich in sein Entzücken über Marianne, – eine feine Sensation, wie sie ihm nur durch ihr Wesen vermittelt wurde. Das kam von dem ausschlaggebenden Anteil, den seine Bestimmungen an allen ihren wichtigen Entschlüssen zu haben pflegten. Was sie so schön und sieghaft aussehen ließ, führte stets irgendwo auf einen Einfluss, ein Zureden, einen Rat von ihm zurück: Und bei ihrer ganzen Art, so tief und inbrünstig zu leben, lag in dieser Mitarbeit daran etwas, was seinen Ehrgeiz wunderlich erregte.

Mochte er auch in seinem persönlichen Dasein enttäuscht oder gleichgültig geworden sein in hundert Punkten, – in diesem einen Punkt fühlte er um viele Jahre jünger, in diesem einen Punkt bekam seine Energie wertvollen Spielraum und großen Stil.

Als sich Tomasow schon seinem Hause näherte, blieb er zögernd stehn. Er bog in eine hügelige Seitenstraße und schritt sie langsam hinauf, bis ihm die kleinen erhellten Fenster des Stifts für unbemittelte Frauen entgegenblinkten.

An den Zaun gelehnt, schaute er nach dem Erdgeschoss hinüber, dann trat er an das Mittelgebäude heran und klopfte mit seinem Stock leicht an das Fenster von Wera Petrownas Stube, wo kein Licht brannte.

Das Klopfen wurde sofort von innen erwidert, und als er dann durch den Hausflur ging, wurde auch schon die Zimmertür geöffnet.

Wera Petrowna war eifrig damit beschäftigt, die Lampe anzuzünden, sie sagte vor aller Begrüßung, indem sie eilig ein Streichholz anstrich, abwehrend: »Ja, ich weiß, – ich weiß schon: Ich soll nicht abends im Dunkeln dasitzen, um den Tropfen Petroleum zu sparen, und vorzeitig einzunicken auf dem alten Sofa, und dann nachts nicht zu schlafen –. – Aber ich bin wirklich eben erst nach Hause gekommen, – und, der Abwechslung halber, – es denkt sich so gut im Dunkeln.«

Sie setzte die Glaskuppel auf die Lampe, deren schwerer Fuß und vorzügliches Brennwerk aus bessern Zeiten stammten, und schob sie in die Mitte des Tisches vor das geblümte Sofa.

»Unverbesserlich!«, bemerkte Tomasow.

»Herrlich, dass Sie mal kommen! Seit einer Woche freu ich mich schon von Tag zu Tag, –« lenkte sie ab und ging geschäftig zu der Kommode, wo das Schachbrett nebst Figurenkasten immer bereit stand.

Sie griff nach dem Brett und schaute Tomasow fragend und bittend an.

»Sie mögen doch –?«

Er nahm ihr Brett und Kasten ab, trug beides auf den Tisch und rückte einen Stuhl heran.

Aber anstatt die Figuren aufzustellen, setzte er sich nur hin, stützte den Kopf in die Hand und blickte zerstreut in das geöffnete Kästchen, als müsse er raten, was darin sei.

Wera Petrowna hatte sich ihm gegenüber auf das Sofa niedergelassen und sah erwartungsvoll zu. Als nichts weiter kam, schüttelte sie den Kopf.

»Schlechter Laune!«, konstatierte sie erbarmungslos.

Dabei schob sie ihm aufmunternd die Zigarettenschachtel hin. Die Zigaretten ihres Neffen waren gar nicht zu verachten.

»Von wo kommen Sie denn? Hat vielleicht irgendein Patient Ihnen den Kopf beschwert?«

»Nein. Ich komme jetzt eben von Frau Marianne.«

»Ach so –, am Ende – selbst Patient –?«

Tomasow schaute zu ihr hinüber und runzelte merklich die Stirn.

Die Alte setzte ihr allerharmlosestes Gesicht auf.

»Nun, nichts für ungut. Mit bejahrten schwatzhaften Personen muss man Nachsicht üben, lieber Tomasow. – Und wir Frauen sind nun mal so veranlagt, dass es uns immer nur von der Liebe zu singen und zu sagen drängt.«

Er musste unwillkürlich lächeln, Wera Petrownas Worte und ihr Äußeres bildeten einen zu heitern Kontrast. Mit ihrem alten energischen Gesicht und im fadenscheinigen weiten schwarzen Gewande, – dem ziemlich traurigen Produkt eigner Schneiderkunst, – in dem sie zu Hause umherging wie in einem Talar, sah sie einem herabgekommenen russischen Popen um vieles ähnlicher als einer Frau.

Vorhin, in der Eile, von seinem Besuch überrascht, hatte sie vergessen, ihre Alltagshaube aufzustülpen; der Ofenhitze wegen, die nichts zu wünschen übrig ließ, bedeckte sie ihr dünnes Haar am liebsten gar nicht, das, wie unter einem durchsichtigen Schleier, überall schon die Kopfhaut hell durchscheinen ließ und ihr jetzt hinten in traurigen kleinen Strähnen lose in den starken Nacken hing.

»Warum haben Sie eigentlich nicht geheiratet?«, fragte Wera Petrowna plötzlich. Sie war aufgestanden, langte sich mit ausgestrecktem Arm ihre alte Tüllhaube von einem Nebentisch und tat sie auf ihren Kopf wie eine Krone. »Schon längst hätten Sie das vollbringen können, – selbst im Auslande –«

»Einer Ausländerin würde es hier nicht behagt haben«, bemerkte Tomasow, eine Zigarette anzündend.

»Aha, – also gegeben hat es dort doch eine!«, bemerkte sie mit weiblicher Logik und ließ sich auf ihren vorigen Platz nieder. »Nun, und hier –? – Auch hier wüsste ich mehr als ein Genre, das ganz gut für Sie gepasst hätte.«

Wera Petrowna musterte dabei ihr Gegenüber mit hellen, etwas ironischen Augen sorgfältig prüfend, während sie den Rauch ihrer Zigarette in langen Ringeln von sich stieß. »Ein Mann wie Sie –? Was wird denn den am heftigsten angezogen haben –«, sagte sie nachdenklich; »– nichts Naives natürlich, – etwas Pikantes. Möglicherweise irgendein Typus der Frauen mit den Verführungskünsten –, die Frau als die große Verführerin und Lehrmeisterin auf schweres Lehrgeld, – möglicherweise überhaupt ein Leben, das mehr verführt als befriedigt –. Wenn ich Sie mir so anschaue –«

»Ach, lieber Himmel, vor hundert Jahren vielleicht?«, unterbrach er sie halb ärgerlich, halb belustigt.

Wera Petrowna griff resolut in das Kästchen und begann an Tomasows statt, die Figuren auf dem Brett aufzustellen.

»Nun ja, das ist wahr: Jetzt sind Sie bequem geworden«, gab sie zu, »– und ich will auch nichts Indiskretes ausplaudern über das, was mir allerlei kleine Fältchen um Ihren Mund da und um Ihre Augen bereitwillig zu verstehn geben. – Aber: Nun zum Beispiel eine Ehe mit einer Mustergattin, – dafür ist mitunter grade das russische Mädchen ein Prachtexemplar: liebevoll, heiter, nachgiebig, voll Tüchtigkeit und Tapferkeit –«

Tomasow nickte anerkennend.

»Schätze ich auch ungemein«, bestätigte er kurz.

»Und man sollte doch meinen, jemand wie Sie, der ganz gern herrscht, der müsste doch auch gern endlich sein eignes Haus um sich bauen, – sein Leben breit ausbauen mit so einer russischen Frau – von jener Sorte, der noch der Mann das Schicksal ist, das sie liebt, und dem sie gehorcht –«

»Ein schönes Glück!«, bemerkte Tomasow spöttisch. »Sein eignes Leben mit allen Unzulänglichkeiten und Defekten so festgenagelt zu sehen rund um sich, – ein Wesen darin mit einer Miene umhergehn zu sehen, als sei das nun wirklich das Paradies –. Nein, für den Reiz danke ich. Ich danke für die kleine Art der Männertyrannei. Leicht genug zu herrschen, wo nichts zu beherrschen ist. Wozu?«

»Sieh da! Sie können sich sogar selbst verspotten«, entgegnete die Alte beifällig. »Das wirft mir ein ganz neues Licht auf Sie. Da begreif ich zum Beispiel schon besser, dass Sie mal, in Ihrer Jugend Blüte, für eins von den kleinen heldenmütigen Mädchen geschwärmt haben, die hier und da aus lauter edelm Fanatismus in unsre entlegensten und verarmtesten Provinzen als Lehrerinnen abgehn. Wie sah die aus? Mager, sehr mager, blass, mit großen enthusiastischen Augen –? – Aber geheiratet haben Sie das kleine Mädchen doch nicht –.«

»Möchten Sie nicht vielleicht Ihre diesbezüglichen Meinungen lieber für sich behalten?«, meinte Tomasow grob, aber er lächelte.

»Wenn es Ihnen besser behagt, – warum denn nicht?«, sagte die Alte seelenruhig. »Ich spiele ja viel lieber Schach. – Aber das reine Wohlwollen treibt mich –, – es ist wirklich merkwürdig, wie reichhaltig Sie sind, ich kann mir so ganz verschiedenartige Frauen recht gut neben Ihnen vorstellen –. Ist das nun Reichtum, oder – oder ist irgendetwas nicht recht zum einheitlichen Ende gekommen –? – Also spielen wir?«

Sie fingen endlich damit an, wie jedes Mal, wenn Tomasow herkam. Erst musste die Redelust der Alten ein wenig ausschäumen.

Wera Petrowna blieb indessen zerstreut. Sie machte Fehler auf Fehler. Zuletzt lachte sie kurz auf, sodass sich die Oberlippe von den Vorderzähnen fast höhnisch hob, und äußerte ohne rechten Grund: »Die Zeiten ändern sich. Der Heldenmut auch. Jetzt ziehen es die kleinen Mädchen manchmal vor, ihre Mutter zu verlassen, um irgendwo in allem Behagen und mit viel männlichem Selbstbewusstsein zu studieren. So wie Marianne ihre –. Ein Glück noch, dass Sophie –«

»Sophie geht ebenfalls. Um Ostern. Heute hat Frau Marianne eingewilligt«, sagte Tomasow.

Wera Petrowna starrte ihn erst ungläubig an. Wie mit einem Schlage verschwand aus ihren Zügen alles Ironische und der spielende Spott und das versteckte Lachen. Schrecken und ein fast ehrfürchtiges Erstaunen stritten in ihrem lebhaften alten Gesicht um die Herrschaft.

Sie schlug laut die Hände ineinander.

»O du grundgütiges Seelentäubchen, meine einzige Marinka –! Was das sie kostet –! Und das sagen Sie mir erst jetzt, Sie Eisbär, Sie Feuerländer, Sie – Sie –. Was das sie kostet –!« Sie hielt inne und starrte ihn wieder an. Man konnte deutlich sehen, wie angestrengt und durchdringend hinter ihrer Stirn und ihrem sich sammelnden Blick hundert Gedanken auftauchten. »Die Kinder fort«, sagte sie langsam,

»beide Kinder, – das ist ein ganz neues Leben, ein ganz zerbrochenes Weitervegetieren für sie oder –. Es ist eine vollkommne Einsamkeit, Vereinsamung, – oder –? – Marianne ist noch jung, – sie ist noch immer jung –«

Tomasow, der unwillkürlich niedergeblickt und mechanisch mit dem Deckel der Zigarettenschachtel gespielt hatte, hob den Blick.

Eine kurze Pause lang schauten sie einander schweigend in die Augen, einer des andern Gedanken enträtselnd –.

Wera Petrowna rief plötzlich in fast klagendem Ton: »Ach Tomasow, wer verdient denn das aber, so viel Glück, wie diese Frau noch geben könnte, – was für ein Mannsbild verdient denn das –?«

Er wollte etwas erwidern, aber sie unterbrach ihn gereizt: »Nein, schweigen Sie nur! Es ist schon so, – ich weiß, ich weiß!«, beharrte sie fast giftig.

Und plötzlich stand sie auf und fuhr mit der Hand durch die Figuren, dass sie alle umfielen.

»Es muss schon so sein! Die Jugend muss wohl immer erst heraus aus einem Menschen, – da hilft nichts!«, murmelte sie ergrimmt, und sie fing an, an ihrem Stock auf und ab zu gehn. Das Sitzen hielt sie nicht mehr aus.

Tomasow schob das Brett zurück und rauchte schweigend. Gegen die Sonderbarkeiten der Alten war er nachsichtig. Und viel lieber, als zu spielen, hing er jetzt seinen Gedanken nach.

Da hörte er sie sagen, ganz in Zorn: »Ist es nicht wie eine Löwengrube, – so ein Menschenleben –? Man muss doch immer wieder hinein, – immer wieder hinein –. Und was hat diese Frau nicht angesammelt in all den langen Jahren, – all die unausgegebene Fülle –. Es ist sogar einerlei im Grunde: ob sie noch einmal neu anfängt mit dem Leben, oder ob sie einsam bleibt, – diese ganze Fülle, die ganze Inbrunst reißt sie ja doch notwendig in die tausend Lebenskämpfe, wie unter brüllende Tiere –«

Nach einer Weile fuhr sie grollend fort: – »Da ist nun Sophie, – nun viel ist sie noch gar nicht, – aber was bedeutet so ein Mensch mitunter nicht alles für seinen Mitmenschen! Dass sie bei ihr war, glich für Marianne alles aus, – sänftigte das ganze Leben –. Manchmal genügt so wenig, – so ein bisschen Menschennähe, um gar nicht zu merken, wie viel man noch in sich herumträgt, – wie vieles man noch unter Schmerzen entladen soll. – Erst wenn diese sänftigende Schutzdecke davon abgerissen wird, – plötzlich steht man da wieder hart am Rande, – ganz hart am Absturz – mitten in alle Untiefen von Neuem hinein – unerbittlich hinein!« Wera Petrowna holte sich in ihrer Erregung die Haube vom Kopf herunter und lief fast auf und ab. »Gott meint es erst gut mit denen, die es hinter sich haben, – hinter sich. – Arme Marinka!«

Tomasow saß zurückgelehnt, mit dem Rücken nach ihr. Er vernahm wohl ihre Worte, aber gleichzeitig umfingen ihn andre, weit weniger düstere Bilder –. Und auch sie scharten sich um dieselbe Erwägung, wie um ein Leitmotiv dazu: »Marianne ist noch immer jung –«

Die Alte hinter ihm im Zimmer war still geworden. Auch ihr Stock berührte nicht mehr, im Takt aufschlagend, den Fußboden.

Tomasow empfand spontan, wie starkes Erleben und Erkennen hinter ihrer gewohnten Alltagsironie stehn, – wie tief sie selbst in die Löwengrube hinabgestiegen sein mochte, – und dass sie von dort herausgekommen war mit einem Herzen, das ganz wund war von zartem Mitleid und verstehender Furcht für andre –.

Er wandte sich zu ihr um. Sie saß im Stuhl am Fenster. Die Haube hielt sie noch wie einen wunderlichen dunklen Knäuel in der Hand.

Und sonderbar hob sich dieser nackte Kopf von der hellen unfeinen Tapete des Zimmers ab, – wie durchaus nicht hergehörig in diese banale Stube, – wie nicht einem Mann und nicht einer Frau zugehörig, – vielmehr einem geheimnisvollen Wesen oder Unwesen, das nun dasitzt in den Wohnungen der Menschen, um dunkle Dinge zu weissagen –.

Ganz unbeweglich saß sie da. Und ihm wurde es fast unheimlich, so auf sie hinzuschauen. – Als müsste er schnell, jetzt gleich, irgendeinen Bannspruch, irgendeinen Wahrspruch finden, – der ihre finstern Gedanken, – der den Lebensgedanken selbst – in Freude löste. – Oder als würde sie sich selbst langsam erheben, unmenschlich groß, und etwas Unerhörtes, Unüberwindliches sagen –.

– In solcher Stimmung hört man als Kind Märchen erzählen –.

Tomasow erhob sich und trat zu ihr hin ans Fenster.

Da blickte Wera Petrowna auf. Sie sah auf mit dem welken, freundlichen Antlitz einer alten Frau, die sich Sorgen macht.

»Arme Marinka –!«, sagte sie nur mit einer schwachen, bekümmerten Stimme.

4.

»Also: Schluss für vierzehn Tage. Junge, klapp die Bücher zu und freu dich!«, sagte Marianne zu ihrem Neffen nach Beendigung der französischen Montagskonversation.

Sie saßen schon bei der Lampe im Lernzimmer der ältern Kinder. Nikolai hatte beide Ellbogen aufgestützt und schob trübselig seine etwas breit geratene Unterlippe vor.

»Freu mich gar nicht. Aber auch nicht die Spur!«, versicherte er. »Worauf denn? Eine Menge Familientage, schrecklich lange Mittagessen, – und zu Hause sitzen –. Ob man sich schließlich in der Schule ducken muss oder zu Hause –. Musst du denn schon gehn?«

Marianne war heute so besonders angenehm gewesen, fast so lustig wie ein guter Schulkamerad, daher passte es ihm nicht, dass sie schon ging.

»Du hast doch eine Menge Vergnügen in deinen Ferien! Ein undankbarer Junge, nicht wahr, Inotschka?«, meinte Marianne.

Inotschka beugte sich über ihre Weihnachtsstickerei, die ihr heute wirklich Eingang zu der Montagsstunde verschafft hatte. An diesen Tagen heimlicher Arbeit ging vieles ungerügt durch.

»Ach, was weiß denn Ina! Ein Mädchen! Gut ist es doch nicht eher, als bis man groß ist und ein selbstständiger Mann«, konstatierte Nikolai, griff verdrießlich nach seinen Büchern und verließ das Zimmer.

Inotschka antwortete ganz still: »Nein, so darf man nicht sprechen. Die Eltern bereiten uns so viel Freude, wie sie nur können. Wir müssen ihnen sehr dankbar sein.«

Dann sah sie jedoch sehnsüchtig zu Marianne hin und fügte in ganz anderm, drängendem Tone hinzu: »Warum ist es nur so, dass ihr diesmal nicht mit uns Weihnachten feiert? Ach, tu's doch! Weißt du noch: voriges Jahr –!«

Marianne, die schon aufgestanden war, strich mit der Hand Inotschka über das weiche Haar, dessen feinen seidigen Strähnen man die Fülle, die sie enthielten, kaum ansah. Es lockte sie immer heimlich, dies feine Haar zu lösen und ganz anders zu ordnen.

»Das war ja nur ein Zufall voriges Jahr! Du musst dich nicht so danach sehnen«, sagte sie sanft. »Sieh mal: Ist es denn nicht überhaupt ein Zufall, dass ich hier in eurer Nähe lebe? Wie leicht hätte es so kommen können, dass ich im Auslande blieb. – Und vielleicht – vielleicht kommt es noch dazu, Inotschka.«

Die Kleine hatte ihre Stickerei auf den Tisch geworfen. Sie schaute mit erschrockenen Augen empor.

»Das – das hab ich gefühlt –!«, entfuhr es ihr heftig.

»Aber nein! Sei nur ruhig, meine kleine Ina, – heute und morgen ist noch alles beim Alten. – Und übermorgen, im Handumdrehen, – da ist aus der Ina schon ein großes, vernünftiges Mädchen geworden!«, beschwichtigte Marianne sie tröstend.

Aber Ina war aufgesprungen. Sie hing sich Marianne an den Hals und brach hilflos in Tränen aus.

»Ich werde nicht groß! Ich werde nicht vernünftig! Alle Vernünftigen sind so grässlich. Lass mich doch klein bleiben! Lass mich bei dir bleiben!«

Marianne blieb ganz stumm. Sie schlang nur ihre Arme um sie und küsste sie auf das Haar und auf die weinenden Augen. Dann, nach Minuten schweigender Liebkosung, beugte sie den Kopf tief zu Inotschka nieder und flüsterte ihr ins kleine heiße Ohr: »Sei still, mein Herz, ich komme jetzt oft und oft zu dir, – sooft du mich nur wirst haben wollen –.«

Ina ließ sie los und blickte ungläubig auf. »Wirklich?! Sagst du es auch nicht nur so?«

»Nein. Ich sage es nicht nur so. Ich werde Mama um die Erlaubnis bitten, recht oft kommen zu dürfen, um mit dir zusammen zu sein.«

»Und glaubst du, dass –, meinst du, Mama wird erlauben, dass du so wirklich zu mir kommst –? Denn wenn ich mit den Großen dabei zusammensitzen soll –«

Marianne setzte sich auf Inas Stuhl und zog sie wie ein kleines Kind zu sich auf die Knie.

»Mama erlaubt alles, was geeignet ist, dich froh und glücklich zu machen«, entgegnete sie zuversichtlich, und als sie Inas schüchterne Augen voll Zweifel auf sich gerichtet sah, fügte sie ernst hinzu: »Du denkst mit Unrecht, deine Mama enthielte dir dies oder jenes vor, und du wirst scheu, weil du meinst, vor verschlossnen Türen zu stehn. Aber sie gehn noch alle auf, mein Liebling. – Siehst du, davon und von vielem andern will ich dir erzählen, wenn wir so beieinander sind, wie jetzt.«

»Willst du mir von Mama erzählen, wenn du bei mir bist?«, fragte Ina stockend und sah sie unsicher an.

Marianne streichelte sie mit einem feinen Lächeln voll Güte.

»Von uns Mamas überhaupt. Denn, weißt du wohl, wer das ist? Eine Mama, das ist jemand, der gewaltig reich geworden ist durch das Verlangen, recht viel zum Verschenken an seine Kinder zu haben. Aber die Kinder sind erst ganz klein, und dann jedes Jahr nur ein bisschen größer, und es dauert lange, bis sie ganz groß sind, sodass sie wirklich alle die reichen Geschenke benutzen können. Daher muss Stück für Stück in festen Truhen verwahrt bleiben, und wenn die Mama aufschließt und nachschaut, was sich für ihre Lieblinge wohl schon eignet, dann darf sie sich doch nichts merken lassen von der Bescherung, für die es noch zu früh ist. Und dann sieht es den Kindern fast so aus, als hätte sie nichts übrig für sie. – Aber alle ihre Truhen sind grade dann voll Gold. – Jemand, der ungeduldig und sehnsüchtig zwischen lauter Truhen voll Kostbarkeiten umhergeht: Das ist eine Mama. – Weißt du es nun?«

Ina schmiegte sich fester an Marianne an.

»Und du hast auch solche Truhen, die du nicht aufmachst?«, fragte sie. »Du auch?«

»Ja, ich auch. Viele – viele.«

»Aber einmal – da springen sie alle auf! Alle?« Ina richtete sich mit verlangenden Augen auf Mariannens Schoß hoch.

»Alle – alle!«, versicherte Marianne mit unterdrücktem Jubel in der Stimme und legte ihre Arme um das kleine Mädchen. Man fühlte, dass irgendeine eigne große Freude oder Erwartung aus allen ihren Worten herausklang wie eine überströmende Wärme.

Inotschka lächelte, sie hatte leicht gerötete Wangen und sah unendlich zufrieden aus. »Was für wunderschöne Geschichten du aber auch weißt, Tante Marianne! Wirst du mir noch viele erzählen?«

»Ich werde dir gewiss noch schönere erzählen. Denn nun mache ich bald die allerschönste Truhe auf –«

»Für mich auch!«, rief Ina vergnügt und klatschte in die Hände.

Plötzlich hielt sie jedoch inne. Sie ließ Marianne los und glitt von ihren Knien hinunter.

»Da kommt Mama«, murmelte sie, »vorhin fuhr ein Schlitten vor –. Die Wohltätigkeitsvorstellung muss jetzt auch schon längst vorüber sein –.«

Man vernahm etwas hastige Schritte und das Rascheln eines seidenen Kleides. Die Tür wurde nur ein ganz klein wenig geöffnet, Ottilie schob den frisierten Kopf an die Spalte.

»Bist du noch da, Marianne? Hast du Zeit –? Nein, Inotschka, mein Kind, lass dich nicht stören, du brauchst nicht zu erschrecken, Mama hat nichts gesehen, – du sollst sehen, wie überrascht ich sein werde zu Weihnachten –.«

Marianne trat zu ihr heraus, in das Schlafzimmer der Schwester.

»Ich höre, du kommst aus der Oper, Otti?! Du und in die Oper, mitten am Tage? Du wirst ja noch ganz musikalisch auf deine alten Jahre«, bemerkte Marianne erstaunt.

»Der ›Troubadour‹ – zu wohltätigen Zwecken – und mit dem durchreisenden Star als Gast. – Fräulein Clarissa überredete mich. Herrgott, es passiert ja auch selten genug!«, entgegnete Ottilie, noch in voller Theatererregung, und begann sich in aller Hast umzukleiden.

In einer Ecke am Tisch fütterte die Wärterin den Jüngsten, dem sie in russischem Kinderkauderwelsch zusprach, in der Nebenstube sah man die beiden ältern kleinen Brüder sitzen und artig Flittergold auf Nüsse kleben, als Schmuck für den Weihnachtsbaum.

Ottilie warf ihre geschnürte Seidentaille ab und ergriff Marianne am Arm.

»Ich sage dir: Schön ist so was! Siehst du: In dem Augenblick, da lebt man! Wenn sie so füreinander sterben –« Ottiliens Augen strahlten.

Marianne lachte.

»Aber du, seit wann hast du so romantische Anwandlungen –? Du bist doch sonst die Nüchternheit selbst?«

»Sonst –? Ja, du lieber Gott, im wirklichen Leben ist doch kein Raum dafür. Da heißt es seine Pflicht tun, und damit basta. Das muss jeder anständige Mensch. – Aber deshalb bewahrt man sich doch einen Winkel für das Ideale innerlich. Einen Winkel, wo das Leben anders wäre, wenn es nach uns ginge –: edel, höher, – noch unbefleckt schön, – kurz –«

»Romantisch?«, fragte Marianne zweifelnd, mit einem gutmütigen Lächeln. Sie wusste selbst nicht, woher ihr Ottilie plötzlich so viel jünger geworden vorkam, ja fast unerwachsen jung, wie vor langen Jahren.

»Romantisch –!«, wiederholte die Schwester etwas gereizt, während sie sich von Marianne in ihr Hauskleid hineinhelfen ließ. »Meinetwegen nenn es so. Name ist bekanntlich Schall und Rauch. Aber du willst wohl andeuten: davon verstünde ich nichts, – davon verstündest nur du was, – einfach, weil du zufällig so blitzjung und so kopfüber eine Liebesehe geschlossen hast –. Aber was ist am Ende mit solcher Ehe los –?! Ich kann dir nur sagen, wovon ich nicht oft spreche: Mein erstes Liebeserwachen war zwar lauter Verzicht, – aber was ich hier innen besitze, –«

Sie sagte nicht, was sie innen besaß, sondern ließ ihre Worte unvollendet und knüpfte sich mit aufgeregter Hand das Kleid zu, wobei sie Mühe hatte, die richtigen Knöpfe zu finden.

»Du meinst doch nicht etwa den Husaren –?«, wollte Marianne schon fragen, unterdrückte es jedoch.

Sie setzte sich neben den Toilettenspiegel, vor dem sich Ottilie ankleidete, und schaute die Schwester mit im Schoß gefalteten Händen gedankenvoll an.

Der harmlose Husar konnte so wenig dafür! Der musste, wie es schien, nur ritterlich stillhalten bei allem, was ihm Ottilie so allmählich auf sein armes kleines Konto hinzuschrieb –. Vielleicht war es grade das Fehlen jeglichen starken Seelenaufruhrs in Ottiliens geordnetem Leben gewesen, das in ihr so allerlei emotionelle Restbestände aufgestapelt hatte –.

Ottilie missverstand Mariannens Verstummen. Sie nickte ihr zu, wie von einer verborgenen Höhe.

»Ich glaube, du hast auch nur wenig Anlage dazu: Du hast dich ja stets so ganz im Tatsächlichen ausgegeben und es überschätzt«, bemerkte sie und steckte sich ihr Häubchen fest. Auf ihren Wangen blühten noch zwei blassrote Flecke.

Dabei hatte sie irgendeine halbmädchenhafte Kopfhaltung, irgendeine kleine Gebärde, – fast wie unbewusste Koketterie einer Ungeübten, – die mit einem Mal Marianne wie eine lebendig gewordene Erinnerung aus beider frühester Jugendzeit durchfuhr.

Es passte gar nicht recht hinein in das Wesen der jetzigen Ottilie, der musterhaft Fertigen, Korrekten! Aber dafür waren es nicht mühsam erworbene, sondern ihre eigensten einstigen kleinen Mienen und Gebärden –.

Sie besaßen etwas wunderlich Halbes, Verlorenes, – wie wenn künstlich gestutzte Vögelchen zu fliegen unternehmen, – dachte Marianne bei sich.

Und plötzlich umfasste sie Ottilie von hinten und stand auf und küsste sie innig mitten ins erstaunte Gesicht. Ja, das war wirklich die Otti von ehemals, mit der sie so vieles geteilt, so kindisch geschwärmt hatte! Dann kam das ganze Leben dazwischen: Das war von Marianne mit zitterndem Herzen, selig und schmerzlich, durchlebt worden, – von Ottilie nicht –.

Und da ging sie nun in irgendeine alte Oper, und mit einem Mal kamen allerlei hinuntergedrängte Sensationen herauf, – unbegründet, etwas hysterisch, alle durcheinander: der Husar und die Ideale, Backfischhaftes und Erhabenes, Pathos und Koketterie –.

»Was fällt dir ein? Nein, aber Marianne, was fällt dir denn ein?! Man küsst sich doch nicht derartig mitten am Tage, ich muss jetzt an den Speiseschrank«, sagte Ottilie und wehrte sich.

»Und ich nach Hause. Aber, weißt du, Schwesterlein: Ich komme nun oft, viel öfter –. Gib mir recht viel Raum. Lass mich viel mit euch sein, auch mit Inotschka –. Wer weiß, ob ich noch lange hier –« Marianne brach ab und wandte sich dem Kleinsten zu, sie hob ihn von den Knien der Wärterin auf ihrem Arm hoch und liebkoste ihn, während er sie vergnügt ankrähte.

»Das ist schon recht, falls wir hier wirklich etwas haben, was dich, – die viel Anspruchsvollere, – fesseln kann«, erwiderte Ottilie; sie vermochte nicht den Übergang ins Tagesleben ganz ohne Gereiztheit zurückzufinden.

»O! Ihr habt ja so vieles, was sich noch willig lieben lässt!«, meinte Marianne leise und herzte noch immer das Kind.

»Ja, wie du das auch gleich sagst! Ich glaube wahrhaftig, Marianne, trotz deiner vielen Kenntnisse und Fähigkeiten, – nimm mir's nicht übel: Aber es ist im Grunde das Einzige, was du zu tun weißt. – Du sprachst von Inotschka: Sag, glaubst du, dass sie den Pantoffel noch fertig stickt?«

»Der ist ja für dich, – weißt du?«, rief Marianne.

»Eben darum, weil er für mich ist, kann ich mich nicht gut drum kümmern. Wenn sie ihn vertrödelt, – du verstehst, es ist mir nicht um den Pantoffel. Aber es wäre von übler Wirkung auf das Kind. Es gibt einem Kinde Selbstbewusstsein, seinerseits was zum Verschenken bereit zu haben. – Von solchen Dingen hängt mitunter der moralische Halt im spätern Leben ab.«

Marianne seufzte. Sie setzte den Kleinen auf den Schoß seiner Wärterin nieder und ging mit der Schwester hinaus.

Sollte sie nun Ottilie erzählen: »Sophie geht Ostern auch zum Studium ins Ausland?« – Würde Ottilie nicht fragen: »Was schenkt sie dir aber dafür wieder?« – Ja, – etwas Ähnliches würde sie fragen.

Wie konnte sie ihr das deutlich machen! Dieses Einssein mit den Kindern, dieses Mutterglück und diese drängende Hingebung in allen Fasern. Dieses Auskosten der vollen Liebe bis auf den letzten Tropfen. Denn jetzt waren sie zu Hause alle drei doch nur noch wie ein Mensch, – nun erst ganz unzertrennlich.

Marianne ging fort, ohne etwas von der großen Neuigkeit mitgeteilt zu haben.

Trotz ihrer Ungeduld, heimzukehren, entschloss sie sich noch zu einem weiten Umweg.

Sie benutzte eine Pferdebahn, die nahe bis zu Tamaras kleiner Wohnung im Vorstadtviertel heranfuhr. Tamaras Mann öffnete ihr, mit einem listigen und erwartungsvollen Gesicht, – er hatte seine Frau erwartet.

»Was, sie ist aus?«, fragte Marianne stark enttäuscht. »Ich muss sie so notwendig sprechen, und dachte sie zu dieser Stunde sicher zu treffen.«

»Ja, glücklicherweise ist sie fort, ich kann sie nämlich momentan gar nicht brauchen.«

Marianne bemerkte erst jetzt, wie er aussah. Im dicken Paletot, den Kragen hochgeschlagen, sogar warme Überschuhe an den Füßen, stand er da und rieb sich die Hände. In der Tat schien es kalt da drinnen zu sein.

»Was machen Sie eigentlich?! Frieren Sie vielleicht Ihre Vögel aus?«

»Ach nein, bei mir ist es warm. Wir müssen jetzt dort sitzen, zwischen den Vögeln, leider. Wir schlafen die paar Tage auch drin. Denn im Wohnzimmer, da wird jetzt nicht geheizt. Das ist wegen Weihnachten. Es soll nämlich wie ein Wald werden, – Tamara stammt doch aus dem Walde. Sie darf jetzt nicht herein.«

Er öffnete die Tür zur Wohnstube, und Marianne erblickte in drei von ihren Ecken je einen großen Tannenbaum. Eine Küchenlampe stand am Boden. In dem ungewissen Schein, den das Lämpchen von unten her verbreitete, nahm sich die Bescherung seltsam genug aus, die zwischen den Tannen im Aufbau begriffen war.

Da näherten sich, fast lebensgroß in bemalter Pappe ausgeführt, die Heiligen Drei Könige einer kleinen Korbwiege, deren blaue Vorhänge dicht geschlossen waren. Was die Weisen des Morgenlandes darbrachten, bestand aber nicht in Gold oder Juwelen, sondern in den winzigsten Hemdchen, Jäckchen und Strümpfchen, die man sich denken konnte.

Die Bäume waren nicht geschmückt. Nur an dem schönsten, der sich über der Wiege erhob, hing Kinderspielzeug, – Hampelmänner, Glöckchen an Knochengriffen – und, wie ein Hinweis auf die Zukunft, schon ein erstes, zartes Paar Schuhe, lächerlich klein, aus rotem weichem Saffian, mit silberner Stickerei bedeckt.

In der Anordnung des Ganzen drückte sich ein unbeholfener jubelnder Überschwang aus, der Marianne ergriff.

Sie wandte sich zu Taraß und sagte leise: »Ich wusste gar nicht – Aber es ist noch lange hin –«

Er nickte.

»Lange noch bis dahin«, bestätigte er, »aber, wissen Sie, ich kenne ja Tamara. In diesen Monaten wird sie schon ungeduldig sein: Wann sie das alles arbeiten soll, – ich bitte Sie, eine solche Menge! Und sie hat doch gar keine Zeit! Es mag ja schön sein, selbst daran zu nähen, nun aber, sie soll sehen: Es geht auch so. Eine große Näherin ist sie überhaupt gar nicht. Sie sticht sich dreimal nacheinander in jeden Finger. Und allzu fest näht sie auch nicht. – Aber eine Mutter wird das sein! Ja, das ist noch eine Mutter!«

Er sah strahlend aus und trat frierend von einem kalten Fuß auf den andern.

»Darf ich Tamara nichts ausrichten? Soll sie zu Ihnen kommen?«

»Nein nein«, wehrte Marianne hastig ab, »ich komme lieber selbst wieder. Sagen Sie ihr nur: Ich sei wegen des Vorschlages gekommen, den sie mir neulich im Auftrag des Berner Mädchenpensionates gemacht habe. Sagen Sie ihr: den wollte ich annehmen. Auf alle Fälle annehmen. Sie möchte mir helfen, die Sache so schnell als möglich ins Reine zu bringen.«

Taraß schlürfte in den Überschuhen ihr voran zur Haustür.

»Dann wird Tamara gleich alle Hebel in Bewegung setzen. Ich weiß, sie sprach davon. Und wir sind so froh, wenn wir Ihnen zeigen können, wie lieb wir Sie haben.«

Er küsste Marianne die Hand, und sie beugte sich auf seine Stirn. Ihr kam es vor, als sei alles bereits erledigt. Sie zweifelte nicht am Gelingen. Es musste gelingen. Und sie war zu jedem Opfer bereit, zu jedem Nebenverdienst durch Stunden –.

Nur mit ihrem Kind zusammenbleiben musste sie. Dann wollten sie auch schon Cita näher bekommen, – mindestens näher als jetzt –.

Als sie sich wieder in die Pferdebahn setzte, schien es ihr, als führe sie schon weit, weit fort aus ihrem bisherigen, hiesigen Wirkungskreis.

Fast abschiednehmend spähte ihr Blick nach den einzelnen Häusern, die sie kannte. Da – und da, – und dort war sie zum Unterricht hingegangen. Nun aber wollte sie weit, weit fort, so weit wie ihre Kinder wollten.

All dies wurde Vergangenheit. Die Kinder allein, das war ja Heimat.

Kurz ehe sie den Bahnwagen verließ, stieg ein armer Krüppel ein, ein Stelzfuß in zerlumpter Kleidung.

Mit ehrerbietigem Blick bekreuzigte sich der Schaffner vor ihm und nahm kein Geld von ihm an. Diese Handlungsweise war allgemein üblich, solche Unglückliche durften fest darauf rechnen.

Als sich Marianne erhob, um auszusteigen, sah sie, dass jemand dem lahmen Mann ein Kupferstück zusteckte.

Da fuhr sie in die Tasche, fasste nach dem gehäkelten Seidenbeutelchen mit dem Tagesbedarf an Silberlingen, das sie grade frisch gefüllt hatte, und schob es im Vorübergehn dem Krüppel in die Hände.

Das gewährte ihr eine momentane Erleichterung. Sie wäre gern in irgendeiner Weise aktiv geworden, aus ihrer weichen, warmen Stimmung heraus, – wäre gern mütterlich geworden an irgendeinem armen Wesen, aus ihrem Überfluss heraus –.

Und nun konnte sie nicht einmal für ihre nächsten Pläne etwas tun, weil sie Tamara verfehlt hatte. Aber ihr wollte es scheinen, als schade das alles nichts, wenn man ihr nur ringsum von der warmen Liebeslast abnahm –.

Oben öffnete ihr Stanjka. Doch im Wohnzimmer lief ihr Sophie entgegen.

»Cita ist nur für eine kurze Besorgung fortgegangen, Ma, sie kommt gleich wieder. – Aber du bliebst so lange fort, – ach, ganz schrecklich lange, wo warst du nur noch?«

Marianne drückte sie an sich.

»War das so schlimm? Du bist wohl ungeduldig geworden?«

»Ja, Ma. Jetzt möchte ich jede Minute bei dir sein. Das ist doch ganz natürlich, – immer, immer.«

»Und wenn wir uns nun nicht trennten, – wenn wir beisammen blieben, du mein Herzenskind!«, murmelte Marianne.

Es kam ihr fast gegen ihren Willen auf die Lippen. Sollte sich Sophie unnütz quälen, – und wären es auch nur Tage –, um der Trennung willen, die nach ihrer Ansicht bevorstand?

»Ach ja, Ma!«, rief Sophie innig, jedoch gleich darauf schien sie ein plötzlicher Schreck zu durchfahren. »Du meinst doch nicht, – ich soll doch nicht –«

Sie war ganz blass geworden.

»Nein, o nein«, sagte Marianne schnell, »wie kannst du das glauben! Nichts wird rückgängig gemacht. Aber denke dir, mein Liebling, denke dir's nur als eine noch nicht gewisse Möglichkeit: Wir blieben trotzdem beisammen, – in einem kleinen Städtchen zum Beispiel, – etwa in den Schweizer Bergen –«

Sophie machte sich sichtlich beunruhigt frei.

»Warum denn ein so ganz kleines Städtchen, Ma –?«

»Ich meine natürlich ein Universitätsstädtchen.«

»Ja ja, aber wenn auch –. Dass es so gar klein sein soll –? Warum denn eigentlich nur?«

»Stell dir zum Beispiel vor, dort wäre eine Mädchenpension, die ich zu leiten hätte, – eine solche ist nämlich in Bern, – lauter halberwachsne Mädchen –«

»Aber – das wäre ja grässlich, Ma!«, fiel ihr Sophie ängstlich ins Wort.

Marianne hielt einen Augenblick inne.

Sie suchte mit plötzlicher Bangigkeit Sophiens Blick.

»Wäre das so grässlich, – Sophie?«

»Nein, – das heißt: Es wäre ja wunderschön natürlich, – aber, – ach nein, Ma, das kann ja doch gar nicht dein Ernst sein?«

Marianne versuchte zu lächeln, aber sie fühlte, dass ihr mitten in diesem schwachen Lächeln die Lippen kalt wurden.

»Nur so eine Idee, Kind«, sagte sie mühsam.

»Siehst du, das dachte ich.« Sophie küsste sie heftig und lachte beruhigt: »Das wäre ja auch gar nichts, nicht wahr? Denke nur: so eine Mädchenpension, – Hammelherde, – huh! Da müssten wir uns ja immer nach den Zimperliesen richten. Wenn du da Stunden gäbst und von allen möglichen Leuten abhingest, wäre alles gleich so gebunden, – so wie hier –. – Und übrigens, solches Kleinstädtchen doch auch für dich im Grunde recht öde, – nicht?«

Marianne nickte, ohne Sophie aus den Augen zu lassen, die ihr unleidlich brannten und stachen von den bemeisterten Tränen.

»Ja ja, Sophie. Daran, ob es öde wäre, hab ich so gar nicht gedacht –. Wenn ich mir das überlege, ist es also wohl nichts damit.«

Sophie wurde wieder ganz heiter.

»Nein, was du aber auch für eine Fantasie hast, Ma?«, meinte sie neckend und setzte sich der Mutter auf den Schoß. Sie war voll kleiner Zärtlichkeiten.

Nun wollte sie Ma auch ordentlich erzählen, wie sie sich das Leben dächte, mit Cita zusammen, in Berlin, wo Cita ja so vortrefflich aufgehoben sei und schon Beziehungen habe, und wo sie es nun ebenso gut haben werde. Beziehungen nämlich, das ist wichtig –! – Eine Menge interessanter Einzelheiten plauderte ihr Sophie redselig vor.

Marianne saß müde in ihrem alten Lutherstuhl.

Sie hörte immer mit dem gleichen Anflug von Lächeln zu, es war wie erstarrt auf ihrem Gesicht.

Das also war das weitaus Schönere, wovon Sophie träumte. Und das hatte sie ja nun endgültig den Kindern gegeben, ihnen erlaubt. Mehr zu geben hatte sie nun überhaupt nicht. Nein: Nur sich selbst noch hinzugeben hatte sie wollen. Sie selbst jedoch, – ja sie selbst – lehnten sie leise ab –.

– Marianne überfiel plötzlich, mitten in Sophiens Hinplaudern, eine jähe Furcht, sie könnte mit einem Mal – jetzt gleich – etwas Grässliches, Grelles tun müssen, entweder laut schreien oder gar lachen –.

Besonders das letztere: jawohl, grell und gell lachen –.

In der Furcht davor brachte sie kein Wort heraus.

Zum Glück kam Cita nach Haus, eh es Sophie auffiel.

Als sie zu ihnen ins Wohnzimmer trat, sprang Sophie vom Schoß der Mutter heiter auf.

»Denke nur!«, rief sie der Schwester ganz unbefangen entgegen. »Ma und ich sitzen hier gemütlich und malen es uns eben aus, wie das sein würde, wenn wir in ein ganz kleines Universitätsstädtchen zögen, anstatt nach Berlin. Und wenn Ma dort gar eine Pension leitete, – und – und wir Sonntag nachmittags mit im Zuge der Mädchen vor dem Tor spazieren gingen –«

Sie erzählte es ganz wie einen Scherz. Und ganz wie über einen Scherz lachte Cita mit ihr.

»Uff«, sagte diese dann, die Handschuhe abstreifend, und warf sich in den Schaukelstuhl, »wie gut ist es hier bei dir, Ma. Ja, das wird Sophie schon noch vermissen! Sie muss sich eben erst gewöhnen, man lernt es aber. Bis jetzt redet sie nur so hin. Wenn sie nur erst ordentlich in ihrem Studium drin ist –«

Marianne richtete ihre Augen müde und groß auf ihre Älteste.

»Wenn es nur so ist, Cita, dass man dann nichts mehr vermisst«, sagte sie leise, mit matter Stimme, »denn das meint ihr doch wohl nicht, – das kannst du doch selber nicht wollen: so ein Fachstudium, und nichts mehr dahinter und darüber –. Etwas so Spezielles, etwas so Hartes –. Du musst nicht vergessen, wie sehr Sophie, – und früher auch du, – euch in einem allseitigern, harmonischern Ganzen geistig angeregt habt. Es schloss ein Studium nicht aus, aber das beseelte Leben ging doch noch drüber –.«

»Es war einfach dilettantischer«, bemerkte Cita ruhig. Sie hatte ernsthaft zugehört, während sie leise schaukelte und ihre Handschuhe bald zurollte, bald in alle einzelnen Finger auseinanderbreitete.

Marianne lehnte sich erschöpft zurück. Sie hatte sich gewundert, woher ihr nur so viele Worte kamen. Als ob sich ihre Zunge löste und selbstständig spräche –. Aber als sie einsah, dass diese Worte ohne Wirkung waren, gab sie es auf, zu widersprechen.

Cita nahm ihr Schweigen wie ein leises Gekränktsein und fuhr rasch fort: »Ja, süße Ma, du hast sicherlich recht. Aber, siehst du, was du so das ›beseelte Leben‹ und ›das Allseitigere‹ in der geistigen Anregung nennst, das werden wir ebenfalls haben. Das Fachstudium wird bei Weitem nicht alles sein, sondern der ganze Kreis der Interessen in der Frauenbewegung. Das wird uns frisch und kampflustig erhalten. Sieg der modernen Frau! Das soll die Losung sein. – Hier konnte Sophie diesen belebenden Geist unmöglich aufnehmen. Uns fehlte hier ja auch der laufende Zusammenhang mit allem Modernen. Wenn man aus dem Auslande kommt, spürt man das arg, du kannst es glauben! Nun, aber es schadet weiter nichts: Wir holen's schon nach.«

Sie erhob sich aus dem Schaukelstuhl, kam zur Mutter, bückte sich, küsste sie auf den Scheitel und sagte mit fast mütterlicher Zärtlichkeit im Ton: »Du unsre süße Ma! Hier ist es einzig und allein schön, weil du hier bist. Vielleicht würdest du dich in einem andern Rahmen nicht mehr wohl fühlen. Und du machst alles schön rings um dich her. Aber wir können jetzt nicht nur auf das Schöne achten.«

Dann richtete sie sich auf, verschränkte die Arme auf dem Rücken und stellte sich nachdenklich musternd vor das Bücherregal.

»Siehst du, Sophie, – dort hinein schaffen wir dann auch Ma neue Bücher, – nicht anstelle der alten, aber mindestens zwischen die alten. – Man kann auch nicht immer nur Dante und Homer und Shakespeare und Goethe und ähnliche Herren lesen. Nicht wahr, Ma?«

Marianne saß ganz still und lauschte. Sie lauschte noch, als gar keine Rede mehr kam, und die Schwestern miteinander in den Büchern zu kramen anfingen, wobei Sophie auf dem Boden saß und Unsinn trieb.

Sie lauschte in alle geredeten Worte tief hinein –. Denn daraus klang ja nicht nur die naive Ablehnung Sophiens, nein, etwas viel Tieferliegendes hörte sie immer deutlicher heraus, – etwas auf dem verborgenen Grund aller dieser Worte –.

Sophiens Gefühl war so ganz unwillkürlich gewesen. Aber es verriet, dass Mutter und Kinder ganz und gar nicht eins waren, eines Wesens, – dass das ein bloßes Trugbild war, ein Traum. Die arme Sophie konnte nichts für ihren naiven Egoismus, – Cita, die sagte es ja: Sie waren etwas andres, wollten etwas andres, strebten anderm zu, als die Mutter –.

Der Mutter gehörten sozusagen nur noch Wesensreste aus der Kindheit, – nicht mehr der entwickelte Mensch. Dem wurde sie leise fremd – fremd – fremd. Von dem wurde sie mit dankbarer Nachsicht geliebt. Notwendig blieb sie ihm nicht mehr.

Wahrscheinlich ging das immer so zu. Auch dann, wenn das Muttersein das gesamte Wesen eines Menschen aufgesogen und ausgemacht hatte –? Auch dann, wenn er sich mit seiner ganzen tragenden, nährenden Lebensfülle den Kindern einverleibt hatte –? Ja, auch dann. Auch dann blieb er wie ein blutendes, losgerissnes Stück am Boden liegen, allein liegen, – ohne es ändern zu können –.

Cita hatte ja im Grunde recht: Während die Mutter hier umherging und Stunden gab, vermochte sie nicht zugleich die Wege weiterzugehn, die sich nun den beiden öffnen sollten, – die Wege neuer Zeiten, einer neuen Generation –. Und wohin die führen würden? Ob nicht zum entgegengesetzten Ende dessen, was sie mit heißester Inbrunst für ihre Kinder erfleht und selbst in ihrem ganzen Leben demütig zu verwirklichen gestrebt hatte?

Ja, vielleicht, – wer konnte es wissen –? Ihr Urteil und das der Kinder würde sich in diesem Punkt wahrscheinlich entgegenstehn. Welche Instanz wollte über sie richten?

Mariannens Gedanken verschwammen, schmerzgefoltert, undeutlich ineinander. Noch hörte sie die beiden plaudern und lachen und sich gegenseitig Stellen aus Büchern vorlesen.

Ihre Arme waren wie gelähmt. Die Stimmen schienen ihr von weit, weit her zu kommen. Konnte sie die Arme nicht mehr ausbreiten, ihre Mädchen darin zu umfangen? Konnte sie ihnen denn nichts, gar nichts zum kostbaren Besitz und zum Leitstern mit auf den Weg geben von alledem, was zu gewinnen ihres Lebens Inhalt gewesen war –?

Weit, weit gingen sie fort –. Und plötzlich kamen Marianne, – seltsam und leise, wie ein Raunen von Wind zwischen Blättern in der Nacht, – Klänge aus einem Lied, – aus einem Wiegenlied, der Dichtung eines Dichters von heute mit dem klaren Erkennen von heute. Es waren nur einzelne abgerissne Klänge, und während sie ihnen lauschte, wusste sie schon nicht mehr, ob sie sie nicht nur weinte –.

»Blinde, so gehn wir, und gehen allein,
Keiner kann keinem Gefährte hier sein.

Schlaf mein Kind, und horch nicht auf mich!
Sinn hat's für mich nur, und Schall ist's für dich!

Schall nur, wie Windesweh'n, Wassergerinn,
Worte – vielleicht eines Lebens Gewinn.
Was ich gewonnen, gräbt mit mir man ein:
Keiner kann keinem ein Erbe hier sein –.«[1]

Die jungen Mädchen bemerkten gar nicht den Augenblick, wo Marianne das Zimmer verließ.

Erst als es hastig im Vorflur schellte, und gleich darauf Stanjka hereinkam und Tamaras Besuch meldete, blickten sie sich erstaunt nach Ma um.

»Eben war sie noch hier«, versicherte Cita, während Sophie den Gast hereinzog und unterhielt; »Ma, hör doch! Tamara ist gekommen!«

1   Aus Richard Beer-Hofmann, Pan 1899.

Marianne öffnete die Tür des Schlafzimmers, wo sie allein gesessen hatte. Sie ließ Tamara dort eintreten.

Diese fiel ihr um den Hals.

»Liebste Marianne Martinowna! Eben komm ich nach Hause, und Taraß erzählt mir –. Mein erster Gedanke: gleich hierher! Ich habe gar nicht erst abgelegt. – Es ist allzu wichtig: Natürlich muss die Sache gleich ins Reine gebracht werden –.«

»Wie gut bist du!«, murmelte Marianne. »Du weißt, dass Sophie zu Ostern –«

Tamara nickte.

»Sie sagte es mir soeben. Ja, ich dachte mir, dass so etwas der Grund sein würde. Wie könnten Sie sich von den Mädchen trennen, – wie können die Mädchen Sie entbehren! – So muss es denn sein, dass wir Sie aus unsrer Mitte verlieren.«

Marianne erwiderte nichts darauf. Sie saß neben einem kleinen Tisch, worauf eine einzelne Kerze brannte, und blickte an Tamara vorüber.

Tamara wurde sich erst jetzt dessen bewusst, dass irgendetwas an Marianne anders sei als sonst. Etwas so wunderlich Eingefrornes, Steifes.

Sie hatte sich nahe zu ihr gesetzt und fasste jetzt unwillkürlich besorgt nach Mariannens Händen, die ruhig im Schoß lagen.

Da sagte Marianne: »Weißt du, – halte mich nicht für die wetterwendischeste Person, die es gibt. Aber seit meinem Gespräch mit deinem Mann hab ich mir's anders überlegt. Ich halt es für unmöglich, fortzugehn.«

Tamara sah sie erstaunt und ungläubig an.

»Aber warum?!«

»Diese ganze ungeheure Veränderung! Das schwierige Einleben dort. Wer weiß, ob wir alle drei es nicht später bereuen würden –. Es war eine erste Aufwallung, weißt du, aber – die ist ganz vorüber.«

Tamara schwieg. Wie sie Marianne so dasitzen sah, bei dieser einzelnen Kerze, auf dem Rohrstuhl, – da erschien sie ihr plötzlich wie eine Gefangene zwischen den Wänden des eignen Zimmers –.

Hinter Ma, über dem Bett, hing die Totenmaske ihres Gatten, daneben, wie ein Schmerzensschrei, Vogelers Radierung: das greise Paar, das in den Frühling hinausblickt.

Tamara sagte halblaut, tief betroffen: »Ach, Liebste, ich kann es nicht glauben. Wie – ja wie wollen Sie alle drei denn so ohne einander auskommen? Ist das nicht das Wichtigste –?«

Ma lächelte.

»Ich denke, ganz gut. Weißt du, Tamara, eins muss man durchaus lernen, – merke du dir's auch: die Dinge nicht zu weit zu treiben. Die Gefühle sich nicht über den Kopf wachsen zu lassen. Alles muss schließlich eine Grenze haben. Wenn man das gelernt hat, geht wirklich alles ganz leicht, – viel leichter.«

Tamara stand auf.

»Also ist es wirklich entschieden. Nun, ich weiß nicht, ob ich mich freuen darf. – Ich muss jetzt nach Hause eilen, Taraß wartet auf mich. – Aber – sagten *Sie* diese Worte, Marianne Martinowna? Sie, die doch immer so ganz innig in ihrem Gefühl lebte, wie in einer großen unteilbaren Freude –.«

Marianne entgegnete rasch, mit plötzlicher Bitterkeit: »Kein Freudenbecher, der nicht zum Leidenskelch wird, wenn man ihn bis zur Neige leert! Nein nein, kein einziger, – und vielleicht am wenigsten von allen das vielgepriesene Mutterglück.«

Sie erhob sich, um Tamara hinauszugeleiten. Da begegnete sie deren still und ernst auf sie gerichteten Augen, und sie gedachte mit einem Mal dessen, dass diese Augen ja eben jetzt in grenzenloser seliger Erwartung dem zukünftigen Mutterglück entgegenschauten –.

Sie dachte an Taraß und seine strahlende Freude und an das kalte Zimmer mit den Tannen, der Korbwiege und dem Kinderspielzeug –.

Marianne umarmte die junge Frau plötzlich, aber ganz zaghaft, wie eine heimlich Geweihte, sie nahm ihre Hände zwischen die ihren, drückte sie an ihr Gesicht und murmelte hilflos: »Verzeih mir, – ach verzeih! Hör nicht auf mich. – Wie gut bist du doch. Hast da den weiten Weg in der Kälte gemacht –. Deck dich im Schlitten gut zu, hörst du –? – Du musst jetzt solche Wege vermeiden, – dich in Acht nehmen –.«

Tamara wurde dunkelrot. Sie küsste Marianne herzhaft, mitten auf den Mund.

»Ach«, sagte sie, und ihre Stimme klang ganz hell von viel Glück, »ich weiß es ja, – ich wusst es ja: Sie sind doch noch ganz dieselbe, – unverändert dieselbe und werden es immer bleiben. – Es genügte nicht, dass Sie mir Schulunterricht gaben und noch manchen andern, schönern Unterricht: Ich hab es ja Ihnen allein abgeguckt, wie man eine gute Mutter wird, – so eine von Herrgotts Gnaden –. – Und mein kleines

Kind, das bring ich zu Ihnen, dass es hier heimisch werde von Anfang an, und es soll Großmutter sagen lernen von Anfang an –.«

Marianne geleitete sie hinaus und ging nicht mehr ins Schlafzimmer zurück. Der Teetisch wurde schon gedeckt; wie immer saß sie beim Abendtee mit ihren beiden Mädchen zusammen und plauderte mit ihnen.

Aber eine undenkliche Mühe kostete sie ein jedes Wort, das harmlos und heiter klingen sollte wie immer –. Und während sie gleichgültige Dinge sprach, dachte sie immer denselben Gedanken: »Ist es im Grunde nicht wahr? Haben sie denn nicht recht? Sie lassen sich erfüllen von allem, was sie vorwärts bringen mag, ich aber, – habe ich nicht jahraus, jahrein nur ein paar immer gleiche Sorgen mit mir herumgetragen: tägliches Brot beschaffen, – Lektionen vorbereiten, – und wieder das tägliche Brot, und wieder die Lektionen –. Ich habe mich bemüht, es so gut zu machen, wie ich nur konnte: und da hat das Wenige genügt, – da haben diese anderthalb Gedanken schon genügt, – um alle Kraft aufzuzehren –. Oder hatte ich nicht genug Kraft –?«

Und langsam sank die Bitterkeit von ihrer Seele, um nur einer tiefen, demütigenden Entmutigung den Platz zu lassen. Bitterkeit vermochte ihre Seele nicht lange zu ertragen: Die Entmutigung nahm sie schweigend auf.

Als die Mädchen sahen, dass die Mutter nicht recht heiter gestimmt war, schoben sie es auf die Ermüdung durch den anstrengenden Tag, und unwillkürlich suchten sie ihre eigne Fröhlichkeit etwas zu dämpfen, die sich mitunter allzu hell Luft machte.

Marianne merkte es, und das Herz zog sich ihr zusammen. »Sie wagen nicht mehr, mir zu zeigen, wie glücklich sie über die Wendung der Dinge sind, – sie fürchten mich damit zu kränken, – sie verhalten es lieber vor mir, bis sie unter sich sind«, dachte sie.

Und die kleinen Zärtlichkeiten ihrer Kinder taten ihr nur weh. Sie fühlte etwas Nachsichtiges aus allem heraus, – etwas Absichtliches. Nein, lieber noch wollte sie es sein, die sich vor ihnen verstellte, und mit ihnen froh sein.

Aber sie konnte es nicht.

Am nächsten Morgen beim Frühstückstisch wurde Cita doch trotz Mariannens Bemühungen stutzig. Sie meinte so genau zu wissen, dass die Mutter heute fast keine Lehrstunden mehr zu geben habe, und dabei schien sie sich doch so zu beeilen, um nur fortzukommen.

Marianne behauptete sogar, sie könne noch nicht zum zweiten Frühstück zurück sein, sondern erst spät am Nachmittag, sie möchten nicht auf sie warten.

Sophie machte ein pfiffiges Gesicht, offenbar hatte Ma heimliche Weihnachtsbesorgungen vor. Aber Cita blickte stumm und mit einem zweifelnden, besorgten Ausdruck vor sich nieder. Wohin ging die Mutter? Und warum sah sie dabei so gequält und müde aus? Ging sie vielleicht, um wieder mit Tomasow etwas zu besprechen? Und diesmal vielleicht etwas, womit sie ihren Kindern Leid antat –? Ach, ginge sie doch nicht zu ihm! –

Marianne atmete tief auf, als sie endlich auf der Straße stand.

Langsam machte sie einen weiten Gang im klaren Winterwetter, dann raffte sie sich zu einem Besuch bei einer aus dem Schuldienst scheidenden Kollegin auf, von der sie sich erst in den Feiertagen hatte verabschieden wollen. So kam allmählich die Zeit für die einzige Stunde heran, die sie heute geben musste.

Dabei weilten ihre Gedanken zu Hause. Alle Räume ihrer kleinen Wohnung durchschritt sie, aber, als sei ihr Blick verhext, erschienen sie ihr alle schon öde und leer. Sie erwog schon, wo, – in welchem Raum, an welchem Platz – sie wohl sitzen würde, so ganz allein –. Kleinigkeiten erwog sie angestrengt: ob man die hohen Blattpflanzen, ihre Lieblinge, nicht fortgeben sollte, da sie nicht auf ihre Pflege achten konnte, wenn sie so von Stunde zu Stunde lief –.

Von ihrer einzigen Unterrichtsstunde wäre Marianne fast aus Zerstreutheit nach Hause gegangen. Plötzlich fiel ihr jedoch der Weihnachtsbaum ein, der sich so groß und anspruchsvoll mitten in ihrem Zimmer erhob, – als erwarte er sie da förmlich mit herausforderndem Hohn. – Morgen war schon Heiliger Abend. Da würde man ihn sogar noch schmücken müssen. Denn das wollten die Mädchen ja ihretwegen gern tun, obschon es ihnen ein bisschen lästig war, – sie selbst hielten nichts auf solche Kindereien –.

Wie recht sie hatten! Wie froh wäre sie jetzt gewesen über ein sang- und klangloses Weihnachten!

Nein, sie vermochte nicht heimzugehn und sich an den gedeckten Frühstückstisch zwischen ihre beiden Kinder hinzusetzen –.

Frierend und unschlüssig, wie obdachlos, stand Marianne auf der Straße im Winterwinde.

Sie, die sich so auf die Ferien gefreut hatte, sie, die es so hasste, sich Tag für Tag draußen herumtreiben zu müssen, sie stand jetzt da, um den Ihrigen Lehrstunden vorzutäuschen, die sie gar nicht zu geben hatte –.

Einmal fiel sie durch ihr zauderndes Stehnbleiben auf. Irgendein Straßenflaneur beugte sich vor, um sie deutlicher zu sehen –. Es war mitten im Menschengetriebe unweit der Schmiedebrücke; Marianne durchquerte den Fahrdamm, um in eine der stillern Seitenstraßen einzubiegen, als sie zwischen den dahinhastenden Menschen Tomasows Gestalt erkannte.

Er schritt langsam neben irgendeinem Bekannten. Als er Marianne auf sich zukommen sah, verabschiedete er sich jedoch von ihm und ging ihr erfreut entgegen.

Leise schob sie ihren Arm in den seinen.

»Danke!«, sagte er lächelnd. »Offenbar auf Weihnachtswegen?«

Sie schüttelte den Kopf.

»Nein. Ich bin todmüde. Ich möchte irgendwo eintreten, wo ich etwas essen könnte.«

»Sie wollen nicht erst den langen Weg nach Haus?« Er besann sich. »Gehen wir zu Philippow? Oder ziehen Sie ein Restaurant vor?«

»Keins von beiden. Überall könnten Bekannte sein. Ich möchte dort in der Seitenstraße in eine der kleinen billigen Teebuden, wo kein Mensch hinkommt.«

Sie suchte ihn die paar Schritt weit hinzulenken.

»Aber, Ma! Da geht man mit einer Dame nicht hin.«

Marianne ließ geschwind seinen Arm los.

»Dann lassen Sie mich allein hingehen – Ich nahm wirklich zu dem Zweck Ihre Begleitung an«, sagte sie und blickte aus so sonderbar müden Augen auf ihn, dass er sofort nachgab.

Er zuckte die Achseln.

»Nun es sei, also wie Sie wünschen«, meinte er zögernd und führte sie dem kleinen Lokal zu, das mit einem breiten grellblauen Schild zum Eintritt lud. »Schließlich ist es eine warme Ecke, wie eine andre, wenn sie auch ein bisschen tief im Erdgeschoss drin liegt.«

Im Innern der Teestube hingen blendend saubere Leinwandvorhänge an den niedrigen, fast quadratischen Fensterchen, und auch das weiße Holz der simpeln Einrichtung sah so weiß und sauber aus, als müsse es Seifengeruch ausströmen. Im ersten Raum dampften ein paar mächtige blanke Kupfersamoware auf dem Schenktisch, und an den Wänden lagen bis hoch hinauf unendlich viele Schwarzbrote aufgestapelt.

Doch gab es auf Wunsch auch helles Gebäck, sowie die volkstümlichen Pastetchen mit Grützfüllung, und Tomasow bestellte davon, dessen sicher, sie vorzüglich bereitet zu finden. Der bedienende Gehilfe im weißen Leinwandkittel und hohen, dermaßen glänzend gewichsten Kniestiefeln, dass man sich in ihnen beinahe hätte spiegeln können, brachte das Verlangte in den schmalen Nebenraum, wo Marianne schon im Hintergrunde an einem der länglichen ungestrichenen Holztische saß.

Nur zwei Frauen aus dem Kleinbürgerstande, mit bunten Kopftüchern und kurzen Schaffellpelzen, tranken beim Fenster ihren Tee, wobei sie die gefüllte Untertasse auf den gespreizten Fingern der rechten Hand balancierten; schweigend, mit einer gewissen Feierlichkeit und ohne um sich zu sehen, nahmen sie einen heißen Schluck um den andern.

»Hier ist es gut!«, sagte Marianne.

Sie sah abgespannt aus, und dabei brannte ihr das Gesicht vom Winde. Die Hitze, die der mächtige Kachelofen im geschlossnen Zimmerchen ausströmte, machte es noch fühlbarer.

Marianne empfand wirklichen Hunger, er war ganz plötzlich und fast mit Gier erwacht, als sie beim Eintreten das viele ringsum an den Wandborten aufgeschichtete Brot sah. Aber wie nun ihr Frühstück vor ihr stand, vermochte sie ebenso plötzlich nichts mehr zu essen.

Sie bückte sich über ihr Teeglas, aus dem dicht vor ihrem Gesicht der Dampf in die Höhe stieg, und folgte mit dem Blick gedankenlos seinen Windungen. Dieses Gefühl von sich nachgebender Schwäche war merkwürdig angenehm.

Tomasow betrachtete sie aufmerksam.

»Sie gefallen mir ganz und gar nicht!«, äußerte er. »Aber eigentlich hätt ich mir das ja schon vorgestern selbst voraussagen können –«

Marianne hob verwundert den Kopf.

»Was denn –?«, fragte sie zerstreut.

»Dass der erste Kraftaufwand nicht vorhalten, – dass die Stimmung zunächst sinken würde –. Sie haben sich seelisch bis zum Äußersten anspannen müssen, und jetzt kommt der Rückschlag.«

Marianne rührte mit ihrem Löffel im Tee herum. Ihr fiel ein, dass Tomasow ja so gar nichts vom gestrigen Tage wusste. Überhaupt nichts von der heimlichen Hoffnung, die sie ja allein so tapfer hatte erscheinen lassen, – noch auch von der großen Bitterkeit hinterher.

Es war etwas ganz Ungewohntes für sie, dass er nicht vollen Bescheid wusste und dementsprechend urteilte. Aber nur nicht davon erzählen! Sogar ihm nichts! Was konnt es denn helfen?

Tomasow stützte einen Arm auf, und sich näher zu Marianne hinwendend, mit dem Rücken gegen das Fenster, bemerkte er halblaut: »Frau Marianne, jetzt ist es an der Zeit, dass Sie mir mehr Machtvollkommenheit geben –. Vollmacht, Sie ganz anders als bisher in Obhut zu nehmen, zu pflegen, abzulenken, zu beaufsichtigen, – kurz: Um Sie zu sein –«

Sie fasste seine Worte nur ungenau auf, in ihre Kümmernisse klangen sie aus solcher Ferne herein, dass sie keinerlei verborgenen Sinn hinter ihnen vermutete.

»Ich weiß, Sie sind immer gut!«, sagte sie nur freundlich.

»Gut –?! Nein, Marianne, mit meinem Gutsein hört es nun auf. Glauben Sie nur, es ist mir nicht immer leicht gefallen ›gut‹ gegen Sie zu sein, Ihr guter Freund zu sein – alle die Jahre. Jetzt aber, wo Sie allein bleiben, wo sich Ihre Töchter ihr eignes Leben bauen, da will ich ein andres Recht, als das der Güte: das Recht, auch ein Leben aufzubauen – Ihnen und mir.«

Er sprach noch immer halblaut, jedoch rasch und bestimmt, und in seiner Stimme vibrierte tief gedämpft ein Ton, den er Marianne gegenüber noch nie angeschlagen hatte.

Sie schrak aus ihrer Müdigkeit auf, ihr Blick streifte Tomasow wie erwachend und noch verständnislos erstaunt; als sie jedoch dabei seinen fest auf sie gerichteten Augen begegnete, geriet sie in Verwirrung.

Tomasow sagte fast gütig: »Es ist schlecht von mir, dass ich Sie so überfalle, Ma –. Aber es hilft nun nichts mehr: Bei Ihnen zu Hause bin ich mit Ihnen tausendmal weniger allein als hier, – und im nächsten Augenblick stehn Sie wieder lächelnd und gewappnet da, – in jeden Arm hineingeschmiegt eins Ihrer Kinder. – Sie sollen mir auch nicht antworten müssen, Ma. Heute nicht und selbst morgen nicht, wenn Sie wollen. Nur wissen, – wissen, dass Sie keineswegs so selbstherrlich allein dastehn werden, wie Sie wohl glauben, – weil ich Sie mir nunmehr nehme –«

Marianne sah nicht auf. Die Röte auf ihren Wangen hatte sich vertieft, als ob sie wieder den Wind draußen um sich sausen fühle. Sie sprach sich innerlich die Worte vor, die sie Tomasow jetzt zweifellos sagen musste, – sie nahm sich vor, den Kopf zu heben und ihn einfach zu bitten, – ja, zu bitten, er möchte doch wieder, ganz so wie bisher, gegen sie »gut« sein –.

Aber nach seiner Bemerkung, dass er keine Antwort erwarte, beugte sie den Kopf nur noch tiefer, und mit einem seltsamen Gefühl von Beklemmung erließ sie sich alles, um was sie bitten wollte.

Denn bei dem Ton seiner Stimme, da quoll langsam, unvermutet und betäubend eine wunderseltsame Gemütswallung in ihr auf –. Und machte sie zaudern, und ließ sie verwirrt den Blick Tomasows meiden, wie wenn eine geheime Sehnsucht etwas ganz andres ersehnt habe, als alle jemals bewusst gewordenen Gedanken in ihr.

– Es war grade, als risse Tomasow mit ein paar gewaltsamen Griffen den Vorhang von irgendeiner fremden Landschaft zurück, sodass ihr plötzlich bewusst werden sollte: nur ein Vorhang scheide sie davon –.

Sie meinte noch nie durch diese Landschaft gewandelt zu sein und wusste doch auf einmal: Nur ganz durchsichtig verhangen war sie ihr gewesen, und immer da war sie gewesen, dicht vor ihr. Und blitzschnell, zu neuem, verwirrendem Wiedererkennen, drängte sich plötzlich vor ihrem Auge Bild auf Bild daraus. Minuten, Momente aus ihrem Verkehr mit Tomasow sah sie vor sich, – oft unterbrochen durch Monate und weit länger, oft einander rascher folgend in feinen, unmerklichen Sensationen, – auf die sie mit dem Finger hätte weisen können: da – und da – und da, – ja, war sie da seinen Wünschen nicht, ohne es zu wissen, ganz nah gewesen, – ganz nah einem weiblichen, eignen Glücksverlangen –?

Marianne saß regungslos und noch immer im Bann der leichten Mattigkeit, die sie heute umfing. Allmählich vermischte sich's ihr ganz, wo und wozu sie sich hier befand, tief benommen von der Gemütsbewegung, die Macht über sie gewann. Sie fühlte sich wie jemand, der ganz unvermutet geweckt wird und in völlig irreführender Gegend zum Erwachen kommt. –

Tomasow war ebenfalls verstummt. Nur sein Blick ruhte immer wieder auf Marianne und mochte ihm einiges von dem enträtseln, was in ihr vorging.

Ohne dass sie miteinander sprachen, ohne dass sie einander auch nur anschauten, leitete sich zwischen ihnen eine Verwandlung ihres gegenseitigen Verhältnisses ein: Das nahm er mit allen Nerven wahr.

Und auch er überließ sich einem Hinträumen, das ihn weit fort entführte –.

Das Blut stieg ihm in die Schläfen, und seine Augen bekamen einen eigentümlichen starken Glanz.

Ganz still war es in dem kleinen heißen Zimmer. Ein einziges Mal ging draußen im Vorraum kreischend die Außentür, ein paar schwere Tritte, kurze Frage und Antwort, Papierknistern, und wieder wurde alles still.

Die beiden Frauen am Fenster hatten sich erhoben, rückten ihre Kopftücher zurecht und gingen auf knarrenden Schuhen mit wortlosem Gruß hinaus.

Da blickte Marianne auf, fast verstört. Unmittelbar darauf erhob sie sich schon. Die dumpfe, schwere Ofenluft benahm ihr den Atem.

»Sie wollen gehn?«, fragte Tomasow und half ihr in den Pelz. »Wollen Sie nichts weiter genießen?«

Marianne schüttelte stumm den Kopf. Sie schien zu meinen: Jetzt an die freie Luft draußen gelangen, das hieße zugleich, den ganzen Bann und Druck abschütteln. Diese heiße Stubenschwüle war allein schuld –.

Tomasow zahlte, und sie entfernten sich. Der Ostwind blies ihnen auf der Straße scharf, förmlich wehetuend entgegen, er weckte fast ein Gefühl unwillkürlichen Sichbergenwollens.

»Wohin nun?«, fragte Tomasow. »Muss es schon heimwärts gehn?« Marianne nickte zögernd.

»Den Kreml durchqueren«, meinte sie, »das ist wohl der nächste Weg.«

»Und wär's auch nicht der nächste! Denn allzu kurz darf er nicht geraten«, bemerkte er lächelnd.

Beim Überschreiten des Fahrdamms, zwischen den durcheinander sausenden Schlittengespannen, hatte er Marianne den Arm gegeben und führte sie mit der sichern Haltung dessen, bei dem sie sich von nun an bergen sollte. Oder empfand nur sie es so, als ob alles um eine Nuance verändert sei, als ob in allem schon eine stillschweigend anerkannte Zueinandergehörigkeit betont liege –.

Eben begann Tomasow Marianne von seiner Liebe zu reden, da traten sie schon in das Erlösertor ein, das in den Kreml hineinführt. Die Fuhrwerke mäßigten den Schritt, die Menschen entblößten ihr

Haupt, und Tomasow, der mechanisch seinen Hut abnahm, konnte in der um sie eingetretenen Stille nicht recht weitersprechen.

Dann kamen sie auf den weiten Platz hinaus, vorüber an den Kathedralen und dem alten Facettenpalast. Er schaute hin, und ihm fiel eine kleine Zeichnung von Rjepin zu dessen Gemälde »Die Brautwahl« ein, – ja, so hätte er um Ma freien mögen: inmitten der Pracht der alten Palasträume, der niedrigen Wölbungen russischer Terems, als der alten Fürsten einer –. Und er dachte zurück: Noch sein Großvater hatte sich seine Bäuerin vom Feld in die Hütte geführt, und die geschmückten Dorfmädchen tanzten zur Hochzeit. Ja, Hütte oder Palast, das war fast das Gleiche: In beiden Fällen ward der Mann der Fürst, der Herr vor seinem Weibe, das von ihm sein Leben empfing.

Vor Tomasows unruhig umherblickenden Augen erhob sich der Uspenski-Dom in der energischen Schlichtheit seiner männlich gedrungenen Architektur, die grauen Kuppeln gleich Heldenhelmen auf Heldenhäuptern, ohne andern Schmuck, andre Farbe, als die verwitterten Bilder unter dem dunklen Bleidach über dem Tor. Und davor, wie in sich selbst zusammengeschmiegt, in festlicher Anmut, die reizende Verkündigungskirche, die Vielkuppelige, die aussieht, als bildete die Gliederung ihrer Mauern nur eben so viele Vorwände, um eine still-leuchtende Kuppel nach der andern über sich emporzuhalten. Wie Weib und Mann standen die beiden in Tomasows Fantasie zusammen, die überall Symbole dessen schaute, wovon sie aufgeregt erfüllt war.

Den Kopf gesenkt, ging Marianne neben ihm, ihren Blick immer auf den flimmernden Schnee am Boden gerichtet, wie wenn sie mit geblendeten Augen was ablese von dem weißen Geglitzer mit seinen bläulichen huschenden Schatten und Lichtern.

Ihre Hand ruhte im Arm Tomasows; ein wenig zu ihr vorgebeugt, unterhielt er nun Marianne mit halber Stimme. Unruhevoll schweiften ihre Gedanken um das, was er zu ihr sprach. Kaum vermochte sie es aufzunehmen in den einzelnen Sätzen, in den verhaltenen Worten, so stark wirkte es seiner Grundbedeutung nach auf sie –. Ihr ward beklommen wie in der kleinen dumpfen Gaststube vorhin; die Schwüle blieb –.

Führte er sie nicht hinauf auf einen Berg und zeigte ihr der Welt Herrlichkeit, – jene Herrlichkeit, die man zu eignem Genießen haben kann, in der man sich selbst leben kann, sich sättigen in allem Angenehmen und Erfreulichen des Daseins? Führte er sie nicht hinweg aus der Alltagsniederung mit ihrer einseitigen, bittern Mühsal, mit den armseligen paar Aufgaben, die ihre Kraft aufgesaugt, sie gedemütigt und unfähig gemacht hatten zu eigner, breiterer Entfaltung? – Und wieder schaute sie bei Tomasows Worten wie in lockende Weiten, in eine Landschaft hinein, seltsam fremd, seltsam vertraut, in der sie sollte ausruhen dürfen an labendem Glück, sich gehn lassen in süßer Ermattung, – und seine Stimme verhieß ihr fort und fort: Wolle nur, und all dies ist dein –.

Sie überschritten grade den Platz, als ein erster tiefer Glockenklang mit überwältigender Gewalt die Luft durchhallte. Unmittelbar darauf setzte das Geläute von mehreren großen Glocken ein. Es tat den Menschen kund, dass die Feierzeit nahe, dass sie das Werkzeug niederlegen möchten und die Seele öffnen, auf dass auch sie feiere.

Und in Mariannens Seele widerhallte es in einer lauten Bejahung: Sie sehnte sich, zu feiern –.

Aber gleichzeitig klangen mit den Glockenklängen ganz andre Stimmungen als zuvor in ihr an, sie kam heim von ihren ungewiss schweifenden Träumereien, zurück in die Gegenwart ihres wirklichen Lebens, und – wie zwei, die sie gewaltsam hatte vergessen wollen, – schauten ihr die Gesichter ihrer beiden Kinder fragend daraus entgegen –.

Fragend, – so wie heute Morgen: Sophiens Gesicht dabei ein wenig verschmitzt, voll pfiffiger Erwartung, beinahe wie sie auch als kleines Kind ausgesehen hatte, wenn die Heimlichkeiten um Weihnachten begannen. Citas Augen fragten nicht mehr kindlich: Bringst du mir auch was Schönes mit? Sie hatte sorgenvoll vor sich hingeblickt, – zweifelnd fast, – sie war beunruhigt durch das Benehmen der Mutter. Und wenn sie jetzt erfuhr, – Cita –

Mariannens Herz tat plötzlich einen starken, harten Schlag. Sie blieb stehn, wie atemlos: Wenn Cita erfuhr – und auch Sophie –, sie sah mit einem Schlage die beiden Gesichter verwandelt, bestürzt, ungläubig –, sie fühlte mit unwiderleglicher Deutlichkeit: dann erst entfremdeten sich ihr die Kinder ganz –.

Alles Entfremden bisher bedeutete, dagegen gehalten, noch wenig, – wie weh es auch tun mochte, es musste machtlos bleiben, solange die Mutter selbst nur ihren Mädchen dieselbe blieb. Auch wenn sie Tausende von Meilen weit fort von ihr gingen: Sie entfernten sich weniger weit, als durch einen einzigen Schritt, den sie selber fort von ihnen tat.

»Die Kinder –!«, sagte Marianne unwillkürlich, mitten in Tomasows Worte hinein, und sie hob zum ersten Mal den Blick zu ihm, – ratlos, hilfeheischend. War er doch da, ging er doch neben ihr, – er, der immer alles entschieden, bei allem helfend eingegriffen hatte.

Voll Zuversicht schaute sie zu ihm auf.

»Was ist denn mit den Kindern?«, fragte er etwas brüsk, aus der Stimmung gerissen; seine Augen begegneten den ihren mit eigentümlichem, flackerndem Leuchten. »Es handelt sich jetzt doch gar nicht um die Kinder.«

Mariannens Blick glitt rasch, betroffen von ihm ab. Wer half ihr von nun an in allen Fragen und Kämpfen? Er nicht mehr! Er half ihr nicht mehr gegen ihre eignen Schwächen. Bisher konnte er sich ihr so geben, wie sie ihn brauchte, um sich als Mensch hoch und höher emporzuringen. Jetzt, ohne alle Zurückhaltung, brauchte er sie selbst, brauchte sie ohne die Kinder. Wie weit, – weit standen ihm da ihre Herzenssorgen –!

Irgendetwas in Marianne, irgendein eben erst entfachtes, eben erst wiedererwachtes Sehnen des Weibes in ihr verschüttete sich wieder und wollte zagend erlöschen –.

Tomasow fühlte sofort, dass er einen Fehler begangen habe.

»Alles hat seine Zeit!«, sagte er schnell und bestimmt. »Auch die Kinder haben ihre Zeit gehabt, wo Sie sich ihnen ausschließlich widmeten. Nun ist es endlich Zeit geworden, in diesem Punkt vernünftig umzulernen. Schließlich muss man eben wählen, ob man einander leben will und dem Glück, oder ob man von ihrem unreifen Willen abhängen will.«

Und mit größerer Dringlichkeit als vorher sprach er auf sie ein, indessen sie weitergingen im hallenden Glockengeläut, vorbei an den weißgoldenen Mauern der zahllosen Kirchen und Kathedralen. Und je länger er redete, desto mehr wurde es eine Apotheose des sorglosen Feierns und Genießens, wozu er sie einlud. Er suchte alles hervor, was er ihr schenken könnte, und alles ward immer wieder Genuss und Fest. Aber Mariannens Hand lag nur ganz leicht in seinem Arm, sie stützte sich nicht mehr auf ihn, sie sah unruhig aus, und aus ihrem Gesicht war die gläubige Zuversicht geschwunden.

Und Tomasow überfiel plötzlich eine zornige, bittere Ungeduld wider alles, was er da selbst zu Marianne sprach. Alle die Worte von Glück und Freude erschienen ihm unwahr und schal. Er begriff plötzlich, dass er, an Mariannens Seite, doch immer nach einem suchen würde, nach eben dieser emporschauenden Zuversicht, nach eben dieser gläubigen Anlehnung an ihn, als an einen Stärkern, Überlegenen, – an den Herrn. Glück mit ihr genießen, das konnte nur heißen: Ihr im Leben selber so hoch und stark als Mensch überlegen sein, wie er ihr's in einzelnen Stunden durch Verstand und Rat gewesen war –.

Tomasow verstummte.

Und Marianne merkte es kaum. Wie sie so an seinem Arm hinging, schienen ihr jetzt die Glocken über ihr mit den weithin hallenden Feierklängen nicht mehr dieselbe Sprache zu sprechen, wie die dringliche Stimme dicht an ihrem Ohr, – aus einer andern Welt schienen sie zu reden, als dies halblaute überredende Raunen von Feiertagsglück und abgeworfenen Sorgen –. Und immer mächtiger wurden die Glockenklänge und immer verhaltener die zuredende Stimme, und endlich vernahm sie nur noch Glocken, – Glocken allein –.

»Leben Sie wohl, Ma!«, hörte sie unvermittelt Tomasow sagen, der stehn blieb. »Ich habe Ihre Antwort schon, noch ehe Sie eine Antwort in Worten gefunden haben. Und lassen Sie mich bekennen: Sie haben recht –«

»Tomasow«, fiel Marianne tief bewegt ein, »warum wollen Sie so –! – Sie sind immer und immer mein bester, einziger, liebster Freund –«

»Gewesen!«, ergänzte er rasch mit einem unmerklichen Lächeln, und dann, sich umsehend, trat er zur Seite. Es kam jemand von hinten her an ihnen vorbei und zog grüßend den Hut.

Hugo Lanz war es, der desselben Weges ging und Marianne hocherfreut begrüßte. Marianne musste ihn Tomasow vorstellen.

»Ich eilte grade zu Ihnen, gnädige Frau«, bemerkte Hugo Lanz, »um Ihnen eine für mich freudige Nachricht mitzuteilen –«

»Das trifft sich in der Tat gut«, meinte Tomasow etwas heiser, »dass ich mithin die gnädige Frau in Ihrer Begleitung lassen kann. Mein Weg führt hier leider nach andrer Richtung.«

Marianne reichte Tomasow die Hand, zögernd, fast zitternd.

»Aber doch auf Wiedersehen sehr bald –?«, fragte sie mit nicht ganz beherrschter Stimme.

»Gewiss, gnädige Frau: Sobald sich einmal gute Bekannte bei Ihnen versammeln, dann gestatten Sie mir vielleicht, auch dabei zu sein«, entgegnete er mit leichter Betonung dieser Antwort, beugte sich über ihre Hand, grüßte Hugo Lanz und entfernte sich, in die nächste Straße einbiegend.

Marianne ging statt vorwärts wieder zurück, ohne recht zu wissen und zu sehen, wo sie ging. Ein Angstgefühl umklammerte sie dumpf: Sie konnte nicht fassen, dass das ein Abschied für das Leben gewesen war.

Sie machte eine gewaltsame Anstrengung, um sich Hugo Lanz zuzuwenden, dessen offnes Gesicht von Freude geleuchtet hatte, der aber jetzt ernst und still aussah, weil er sie so seltsam ernst vor sich hin gehn sah.

Er erzählte dennoch froh: »Soeben erst hab ich die Erlaubnis ausgewirkt, den nächsten Winter noch ganz frei zu bleiben, – und ich werde ihn hier zubringen. Meine Verwandten haben mich aufgefordert, bei ihnen zu wohnen. Und schon die Aussicht, Sie und Ihre Familie besuchen zu dürfen –«

»Das freut mich innig«, bemerkte Marianne leise, »doch werden Sie im nächsten Winter nur noch mich wiederfinden, – nicht mehr meine Töchter. Auch Sophie geht fort, folgt der Schwester ins Ausland.«

Hugo Lanz blickte Marianne mit aufrichtigem Schreck ins Gesicht. Die kleine Familienszene, der er beigewohnt hatte, stand vor ihm, Mariannens strahlendes Glück zwischen ihren Kindern, – auch dessen, was ihm Sophie mitgeteilt hatte, entsann er sich.

»Ganz allein bleiben Sie –?«, entfuhr es ihm voll Mitleid und in unwillkürlichem Unwillen.

Marianne wiederholte mechanisch: »Allein –«, und sie nickte bejahend. Aber das dumpfe Angstgefühl in ihr verstärkte sich dabei, als risse es sie mit jedem Schritt gewaltsamer hinein in etwas Endloses, Grenzenloses, – wie in eine leere, gähnende Unermesslichkeit, wo ihre Kinder und der Freund und alles, was ihr lieb gewesen war, alles Warme, alles Trostvolle, alles Hilfreiche, weiter und immer weiter zurückwich, – unerkennbar geworden schon, – unaufhaltsam, unerreichbar –.

Und mit dunklem Grauen stieg in ihrer Seele eine Erinnerung auf an abgrundtiefe Einsamkeit, aus der sie doch nur die Hand des Freundes und der Blick ihrer Kinder gerettet hatte, – und sie fühlte, dass das dunkle Grauen nahe und näher über ihrer Seele zusammenschlug, – als würde sie unbarmherzig dahinein gestoßen von derselben Hand, von denselben Blicken, die sie einst rettend festhielten, – und als fände sie diesmal nie mehr, – nie mehr hinaus –.

Marianne nahm nichts mehr deutlich wahr, die Dinge ringsum schienen ihr langsam zu entschwinden, sich in sich selbst aufzutrinken, unterzugehn in einem chaotischen Nebel. Einförmig nur und erschütternd laut hallten fort und fort die Glocken über ihr, – hallten um sie, – hallten in ihr, – begruben sie wie unter einem Mantel von dröhnenden, besinnungraubenden Tonwellen, – ließen alles an ihr erbeben unter der Gewalt des einen unerbittlichen Klanges, – drangen auf ihre zitternde Schwäche ein, wie mit läutenden Unendlichkeiten –

Marianne war, einer Ohnmacht nahe, stehn geblieben und rang nach Atem.

Sie standen wieder dicht vor der Verkündigungskirche, an den Stufen, über denen sich die Eingangspforte erhebt. Hugo Lanz hatte einen Arm um Marianne gelegt und führte sie, sie vorsichtig stützend, hinauf bis in den Seitengang, wo längs den Fensterchen von gewelltem Glas eine Bank stand.

Dort ließ er Marianne niedersitzen und neigte sich, neben ihr stehn bleibend, mit besorgter Frage zu ihr.

Aber sie achtete nicht auf das, was er flüsternd fragte. Dicht vor ihr öffnete sich das blausilberne Portal in den innern Kirchenraum, auf der Seite, wo sie eben hereingetreten waren, blickte von der Tür ein großes dunkles Christusbild zu ihr nieder, die Züge kaum kenntlich, ein schwarzer Fleck, umhüllt und umkleidet von unendlichem Goldglanz. Sie starrte darauf hin, bis sie vor Tränen nichts mehr sah. Rätsel hinter Gold –.

Aber leise und wohltuend legte sich die Dämmerung dieser Kirchenwände wie schützend um sie. Kaum glichen sie Wänden, bedeckt mit alten nachgedunkelten Malereien wie reiche alte Stoffe, sich niedrig wölbend und wellend, wie ein ungeheurer Mantel, der sich in schweren weichen Falten um den Betenden legt, ihn sanft bergend vor der Außenwelt –.

Sie hob beide Hände vor das Gesicht und beugte sich tief vor, ohne ein Wort zu sprechen. Schweigend verharrte sie lange so.

Hier und da kamen von draußen Menschen vorüber, meistens Leute aus dem Volk; leise auftretend mit ihrem groben Schuhwerk, schritten sie tiefer hinein in das Schiff der Kirche, das in feierlicher Dämmerung vor ihnen dalag, nur an wenigen Punkten schwach erhellt von vereinzelten Wachskerzen, die daraus hervorblinkten.

Hugo Lanz stand neben Marianne, an ihre Bank gelehnt, und blickte auf sie nieder. Er wusste nicht, was in ihr vorgehn mochte, aber dass in dieser Stille etwas Erschütterndes in ihrer Seele zum Austrag kam, das musste er wohl fühlen –. Und wenn er einst zu ihr gekommen war im drängenden Verlangen, an ihrer warmen Mütterlichkeit getrost und froh zu werden wie ein Kind, so wuchs jetzt eine Sehnsucht in ihm empor, – groß, wie er sie nie gekannt hatte, – stark zu werden und kraftvoll, ein Mann, um beschützen und behüten zu dürfen –.

Er stand da und horchte stumm auf das Geläute der Glocken, – auf den seltsam packenden Klang dieser russischen Glocken, die sich weigern, sich mit ihren Klängen mitzuwiegen, und ehern feststehn, dass der Klöppel in ihnen anschlägt wie ein weithin tönender Befehl –.

Da ließ Marianne die Hände von ihrem Gesicht sinken und erhob sich ganz langsam. Hugo Lanz machte eine Bewegung zu ihr hin, aber die Andacht in ihren Augen und in ihrer ganzen Haltung bannte ihn. Es war wie eine unsichtbare Einsamkeit und Hoheit um sie, die er nicht zu entweihen wagte. Und unwillkürlich trat er zur Seite.

Einen Augenblick lang stand Marianne da, sich besinnend, fast schüchtern, mit einer sanften Neigung des Kopfes, die etwas Rührendes für ihn hatte, etwas von unaussprechlicher Ergebung. Aber auf ihren Zügen lag ein ruhiger Glanz, alle Angst war von ihnen gewichen.

Sie machte eine Wendung, um aus dem Portal hinauszutreten, ohne ihren Begleiter zu bemerken. In diesen Minuten hatte sie auch ihn vergessen. Er schaute ihr nach, und unwiderleglich kam ihm das Gefühl: – als ginge sie gar nicht allein –.

Ein paar Schritte hinter ihr trat er hinaus auf den Platz.

Unten in der Stadt, die dem Kreml zu Füßen lag, blinkten eben die ersten Lichter auf. Schon war es nicht mehr ganz hell. Weißlicher Winternebel zog sich in der Ferne über die Ufer des Flusses. Fest um den Kreml geschmiegt, standen die Häuser da, rot und blau und grün an Dächern oder Mauerwerk, und erwarteten nach des Tages Treiben das Dunkel, durch das das siegende Gold der zahllosen Kuppeln hindurchschien wie eine ewige Leuchte, die nicht mit dem Tage erlischt.

Ein unerhörtes Abendrot stand über Moskau. Und die Buntheit der Farben ringsum nahm auch noch den schwächsten Abglanz davon, nahm auch den leisesten Funken so innig auf, hielt sich ihm an der Oberfläche aller Dinge als ein so williges Gefäß entgegen, dass es fast wirkte wie ein Lobgesang, der emporstieg von der Erde zum erglühenden Himmel. Eine Stimmung wie ein Ausgleich zwischen Freude und Gebet lag über dem Ganzen. Die paar Wolken, die inmitten der Bläue des Himmels zögernd dunkelten, zogen sich, lichtdurchschossen, langsam zu breitschimmernden Goldbändern auseinander –.

Da ging ein flüchtiger Regenschauer nieder, warm und ganz kurz, wie ein Tränensturz.

Hugo Lanz blieb stehn und schaute hinab, dorthin wo Mas feine ruhige Gestalt im Abstieg zu den Anlagen sichtbar blieb.

Wie klein und unscheinbar verschwand sie dort zwischen den Bäumen. Und ihm schien doch alles ringsum sie allein zu feiern und zu umstrahlen –.

Denn in ihm arbeitete sich irgendein Bild mit mächtiger Gewalt zu künstlerischer Klarheit hindurch, – ein Bild, in dem er Ma vor sich sah, – ein Bild, in dem ihr Glück lebte und ihr Vereinsamen, und ihr Weh, und ihr Sieg, – ein Bild, in dem geheimnisvoll lebte, was in diesem Augenblick in ihr selbst wohl nur in dunklen Ahnungen rang –.

Und es kam ihm vor, als stünde er angesichts eines großen Schauspiels, um deswillen man das Leben fürchten und lieben lernen mag. Und das den Schauenden, dem es seine Heimlichkeit enthüllt, zum Kinde werden lassen mag, und zum Manne, – und zum Dichter.

– Ganz benommen und wie sich selbst entrückt, blickte er hinab von der Kremlhöhe in die Tiefe der Stadt.

So sah er Ma schweigend, still niedersteigen unter dem verhallenden Geläute der Glocken, – einen von oben in die Wohnungen der Menschen entsendeten guten Geist.